LES CÉRÉALES

PAR MICHEL DURET.

Nihil mole lætius populo Romano...
(Nul n'est plus content que le peuple romain...)
[Sénèque.]

PARIS

GUILLAUMIN ET Cⁱᵉ, LIBRAIRES-ÉDITEURS
RUE RICHELIEU, 14

1859

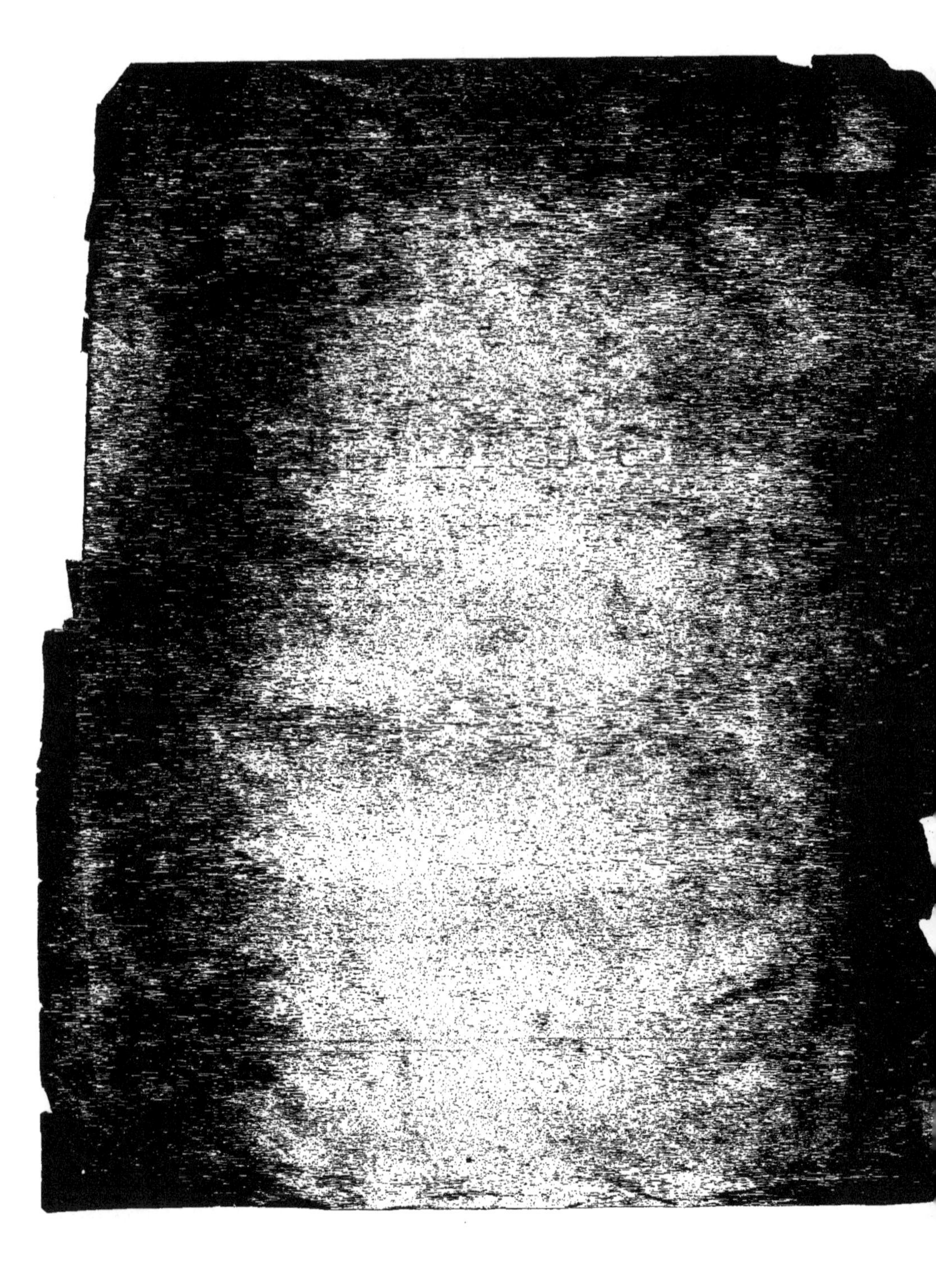

RÉFORME

DE

LA LÉGISLATION

SUR

LES CÉRÉALES

PAR MICHEL DURET.

Nihil est lœtius populo Romano saturo.
(Nul n'est plus content que le peuple romain quand il est
rassasié.)

----⊙----

PARIS

IMPRIMERIE DE P.-A. BOURDIER ET Cⁱᵉ

30, RUE MAZARINE

—

1859

AVANT-PROPOS

Une loi provisoire, qui date de 1832, connue sous le nom d'échelle mobile, règle encore le régime du commerce extérieur des céréales.

Cette législation, il est vrai, est suspendue, quant à l'importation, depuis bientôt six années par des décrets successivement renouvelés et dont le dernier échoit le 30 septembre prochain.

Mais ce provisoire dans le provisoire doit cesser pour faire place à une législation définitive sur les grains. Une enquête relative à cette révision a été faite par le Conseil d'État et un projet de loi est à l'étude.

Délégué par un grand nombre de négociants en grains et farines des principales villes pour être l'interprète de leurs vœux au sujet de cette importante question, j'ai résumé à la hâte dans cet opuscule les différents éléments qui doivent servir à sa solution.

RÉFORME DE LA LÉGISLATION

LES CÉRÉALES.

CHAPITRE Ier.

Origine de la culture des céréales. — Principales disettes. — Leurs causes.
— Législation de la France jusqu'à la disette de 1816.

Ce fut *Dio*, reine de Sicile, qui, dit-on, du temps d'Abraham, enseigna
à ses sujets l'art de cultiver le blé, de le broyer par des moulins à bras,
puis d'en faire du pain. C'est ainsi que l'usage s'en répandit, et remplaça
les glands qui étaient un des éléments les plus grossiers de l'alimentation
humaine dans ces temps primitifs. Le paganisme fit l'apothéose de cette
reine bienfaitrice en lui érigeant des temples et des autels où on lui rendait les hommages divins sous le nom de *Cérès*. Telle est l'origine de la
désignation générique de *céréales*, sous laquelle l'on entend : le *blé froment*, l'*épeautre*, le *seigle*, l'*orge*, le *sarrasin* ou *blé noir*, et l'*avoine*.

Ces graminées, ainsi que le riz, forment la base de la nourriture de
l'homme et de quelques animaux sous toutes les latitudes. Quelques soins
que l'on prenne à leur culture, il arrive, dans les climats même les plus
favorables à ces végétaux, que la récolte en est très-réduite par les intempéries, les saisons contraires et les ravages de la guerre. De là des
déficits sur les récoltes qui se produisent d'une manière périodique,
et d'autant plus malheureusement que rien ne peut en conjurer les
causes.

La principale disette générale date des Pharaons d'Égypte ; elle dura
sept ans, et fut, comme chacun sait, le sujet de l'élévation de Joseph.

Plusieurs disettes eurent lieu à Rome : entre autres en l'an 686 de l'ère romaine. — Cette ville, si populeuse alors, en eut longtemps à souffrir. En France, la première disette se produisit sous Clovis II, en 640. Les principales furent celles de 1437 et 1438; la dernière décima tellement la population, que les loups venaient jusqu'au milieu des faubourgs de Paris dévorer les cadavres et quelquefois les enfants tout vivants. La famine qui régna dans Paris lors du siége de 1590 fut des plus poignantes, car le peuple broutait l'herbe, et l'on imagina de faire avec les os broyés et bouillis une sorte de gelée qui tuait plus de monde qu'elle n'en nourrissait. Une des plus déplorables fut celle de 1709 à 1710; Louis XIV vendit pour quatre cent mille livres tournois de vaisselle et fit acheter pour deux millions de blé dans les ports de la Baltique : à la cour de Versailles l'on ne mangea plus que du pain bis. Dans l'*Histoire des mœurs européennes*, Waschsmuth raconte que lors de l'invasion des Tartares en Hongrie, un habitant de ce pays confessa qu'il avait successivement mangé soixante enfants et huit moines.

Dans l'histoire plus moderne nous ne trouvons pas, heureusement, des épisodes aussi dramatiques ; toutefois, les effets des disettes n'en sont pas moins aussi affligeants que regrettables, et correspondent, en général, à de vives commotions politiques : la monarchie de saint Louis s'écroula en 1792 aux cris de famine; de l'hiver de 1812 datent les désastres de l'empire de Napoléon Ier; la disette de 1829 fut suivie de la révolution de 1830; enfin, l'extrême cherté de 1847 précéda de peu la révolution de 1848.

Là où l'estomac crie il n'y a ni paix, ni fête, et, de toutes les frayeurs, celle causée par la faim, que l'on appelle *panique*, est la plus terrible. L'on conçoit que de tout temps les gouvernements se soient préoccupés de l'approvisionnement des peuples, et y aient concouru par des mesures administratives plus ou moins sages, plus ou moins intelligentes.

Sous Constantin Ier, ce commerce y était exempt de tous péages et de toutes redevances; les pilotes et capitaines employés à ces transports étaient non-seulement exemptés de toutes impositions, mais encore mis au nombre des chevaliers, et il était permis à tous les dignitaires de l'empire de s'associer à eux pour ce commerce. La création de l'immense réseau de voies de communications de l'empire romain eut pour principal motif de faciliter le transport des approvisionnements.

Le moyen âge ne manifesta pas moins de sollicitude pour la subsistance des peuples ; mais cet intérêt se traduisit par des entraves administratives qui n'eurent le plus souvent qu'un résultat opposé au but. Cependant il est à remarquer que l'on ne songea jamais à entraver l'importation sous prétexte de protéger l'agriculture ; les gouvernements ne se préoccupèrent que des mesures qu'ils croyaient favorables aux consommateurs, et, jusqu'en 1819, l'importation a été libre en France ou soumise simplement à un droit de balance insignifiant. Souvent même tout droit disparaissait complétement dès qu'il y avait cherté et était remplacé par une prime d'encouragement payée à l'importateur afin d'attirer les importations de grains.

Ce n'est qu'à partir des capitulaires de Charlemagne, de 805, qu'il est fait mention pour la première fois du commerce des grains avec l'étranger, désigné alors sous le nom de *traites foraines* des grains. — Cet édit prohibait l'exportation.

Philippe le Bel publia, en 1302, la même défense sous peine de saisie de corps et de biens.

Cette interdiction fut renouvelée sous Charles VII en 1455.

François Ier, à son retour des guerres d'Italie, craignant d'avoir d'autres guerres à soutenir, défendit la traite le 12 mars 1515. Le 20 février 1534 il la permit de nouveau. En 1529, François Ier révoqua toutes les autorisations de traites foraines et se réserva le droit exclusif d'en accorder de nouvelles.

Une ordonnance de Charles IX, de 1567, renouvela les mêmes dispositions.

A son retour de la Terre-Sainte, saint Louis enjoignit aux baillifs et sénéchaux de ne prohiber la traite que par de graves raisons.

Le 4 juillet 1587, un autre arrêt prescrivit que la châsse de sainte Geneviève, patronne de Paris, fût descendue et portée en procession. Ainsi qu'il était d'usage alors, des commissaires furent délégués pour se transporter en province, afin d'y acheter des blés et de les expédier sur Paris.

Sous Henri III il fut publié une ordonnance portant règlement général du commerce des grains ; deux seules dispositions méritent d'être notées :

1° La liberté de commerce de province à province ; 2° la diminution des frais de marché. Le reste des autres dispositions ne consiste qu'en mesures vexatoires, telles que : défense aux marchands d'acheter en deçà d'un certain rayon autour de Paris ou des autres villes, d'aller au-devant des blés dirigés sur les marchés, invitation de ne faire qu'une provision raisonnable en temps de cherté, etc.

Ce déplorable régime de tracasserie et d'arbitraire administratifs, joint à l'insuffisance des moyens de transport, continué depuis lors sous tous les règnes jusqu'en 1764, retarda le développement du commerce des grains. Le système restrictif prit un caractère plus violent pendant les disettes qui sévirent à la fin du règne de Louis XIV, car les infractions étaient alors punies de la peine des galères, et même de la mort.

L'ordonnance de 1764 érigea en principe la libre circulation à l'intérieur et permit l'exportation tant que le prix du blé resterait au-dessous d'un prix limité, en mesure de cette époque, équivalant à dix-neuf francs l'hectolitre. La prohibition absolue de sortie fut de nouveau rétablie, puis supprimée. Les idées libérales sur le commerce des grains parurent alors faire quelques progrès et furent vivement soutenues contre lés préjugés populaires par Turgot, écrivain et économiste distingué, qui fut intendant de la généralité de Limoges et ministre de Louis XVI. L'édit de 1787 consacra en principe la liberté du commerce des grains, sauf le cas où la prohibition de sortie serait reconnue nécessaire dans de certaines provinces. L'expérience de la liberté ne fut pas de longue durée, car l'année suivante la prohibition absolue et générale d'exportation fut prononcée par le pouvoir royal et maintenue avec toutes ses rigueurs jusqu'à ce que l'affreux régime de 1793 contre la liberté du commerce des grains surpassât en violence et en ineptie tous les régimes précédents. L'on sait à quoi aboutirent les recensements impraticables, les fixations impossibles des prix et les vexations de tous genres décrétés par la Convention : — à une hausse sans exemple, à un jeûne général et un carême civique que Barère, pour dernier expédient, proposa dans la séance du 24 février 1794, d'ordonner à toute la République une et indivisible.

Toutes les mesures gouvernementales qui sont en contradiction avec les lois économiques ont le même sort : elles aggravent le mal sans le guérir, et finissent par disparaître sous le poids du ridicule.

Le règne de la Terreur ayant cessé, le régime auquel était soumis le commerce des céréales ne tarda pas à recevoir quelques adoucissements, et fut bientôt débarrassé des inutiles et barbares pénalités dont il était entouré.

Pendant le Consulat et l'Empire, l'exportation fut généralement maintenue moyennant le payement d'un droit de sortie de 1 fr. par 100 kil. Dès que le prix du blé dépassait un certain taux, ce droit s'élevait graduellement jusqu'à un prix limité au delà duquel la prohibition était rétablie. De 1806 à 1811, l'exportation fut interdite sur de certains points ; mais, à partir de 1811, la cherté provoqua de nouveau la défense de sortie, qui s'étendit à tout l'empire et se maintint jusqu'à la récolte de 1814, qui fut heureusement très-bonne.

L'abondance fit oublier les souffrances des années précédentes, et une ordonnance royale, du 26 juillet 1814, permit l'exportation sous la condition du payement d'une taxe fixe de 15 cent. pour 100 de la valeur.

Le gouvernement de la Restauration, voulant donner au régime de l'exportation des grains la stabilité qui lui avait manqué jusqu'alors, rendit une loi, à la date du 2 décembre 1814, par laquelle les départements frontières devaient être divisés en trois classes :

La première comprenait la zone où les prix sont habituellement plus élevés que dans le reste du royaume ;

La deuxième comprenait la région où les prix sont moyens ;

Et la troisème comprenait la zone où les prix sont ordinairement le moins élevés.

La prohibition de sortie n'avait lieu que lorsque les prix avaient atteint :

23 fr. dans la première région ;

21 » dans la deuxième région ;

19 » dans la troisième région.

Tant que les cours étaient au-dessous de ces limites, l'exportation vait lieu de droit, et n'était taxée qu'à un droit de balance insignifiant.

Une ordonnance royale, en date du 18 décembre suivant, compléta les dispositions de la loi du 2 décembre 1814, en désignant les départements dont devait se composer chaque région ou classe.

La permanence de cette loi ne dura pas longtemps ; la sortie, d'abord suspendue partiellement, fut de nouveau prohibée complétement par une ordonnance royale du 3 août 1815.

La récolte de 1816 ayant été très-réduite par les intempéries, il en résulta la disette la plus vive depuis le commencement de notre siècle, les prix atteignirent des taux exorbitants, et la prohibition de sortie fut strictement maintenue jusqu'en 1819.

Afin de stimuler les importations, une ordonnance du roi, en date du 22 novembre 1816, accorda une prime de 5 fr. par chaque quintal métrique de blé importé en France.

CHAPITRE II.

Création de l'échelle mobile en France.—Législation de la France
de 1816 à ce jour.

La paix de 1815 ayant rendu la mer libre, le commerce n'avait pas depuis longtemps tiré d'aussi fortes quantités de céréales de la Russie méridionale. L'agriculture de cette contrée en reçut une vive impulsion. Les importations ayant continué les années suivantes, il en résulta une grande abondance après une excessive cherté. Les prix se maintinrent en baisse jusqu'en 1819. C'est alors que l'on songea à protéger l'agriculture nationale contre l'invasion des blés étrangers. Pour la première fois cette denrée de première nécessité fut imposée à l'entrée en France. Jusqu'alors la taxe d'entrée n'avait pas dépassé 50 cent. par quintal métrique. La loi de 1819 édicta des droits prohibitifs, et les divisions en trois zones frontières adoptées dans la loi de 1814, relativement à la sortie, le furent pour l'entrée. Des droits différentiels exorbitants entravaient l'importation, et cette loi l'interdisait absolument quand les grains atteignaient :

Fr. 20 » l'hectolitre dans la 1re classe.
Fr. 18 »   »   2e   »
Fr. 16 »   »   3e   »

Telle fut l'origine de l'échelle mobile, empruntée au système anglais de 1660, et qui fut empirée par les divisions et les subdivisions.

Quelque ultra protectionniste qu'était cette loi, elle ne répondit point à l'attente des producteurs français; les prix étant restés stationnaires, leurs plaintes recommencèrent. Elles trouvèrent naturellement de l'écho dans les deux Chambres où les propriétaires fonciers étaient en majorité. Une nouvelle loi, qui n'était que le remaniement de l'ancienne dans un sens moins libéral encore, fut proposée, en 1821, sous le ministère de Villèle; mais ce projet de loi souleva des orages dans la Chambre des députés, qui aurait voulu une prohibition absolue et qui infligea un échec au ministère en adoptant les modifications quasi prohibitives de la Commission.

En vertu de la loi du 4 juillet 1821, les classes furent portées au nombre de quatre et les marchés régulateurs fixés de manière à faire ressortir les prix aussi bas que possible, afin que la limite de la prohibition à l'entrée fût plus facilement atteinte. Les départements frontières furent divisés en huit sections distinctes, ayant chacune ses marchés régulateurs particuliers suivant le tableau qui devait être publié chaque mois par le ministre du commerce :

Toute importation était interdite quand les prix étaient au-dessous de

> Fr. 24 » dans la 1re classe.
> Fr. 22 » » 2e »
> Fr. 20 » » 3e »
> Fr. 18 » » 4e »

L'exportation demeurait défendue quand les prix dépassaient :

> Fr. 26 » dans la 1re classe.
> Fr. 24 » » 2e »
> Fr. 22 » » 3e »
> Fr. 20 » » 4e »

En deçà et au delà de ces limites, il était établi une gradation de droits qui variaient en sens inverse des prix quant à l'entrée, et qui restaient fixes quant à la sortie, conformément au tarif suivant :

LE PRIX DE L'HECTOLITRE DE FROMENT ÉTANT DANS LES CLASSES				UNITÉS sur lesquelles portent les droits.	ENTRÉE.			SORTIE.	
					TITRE de perception.	DROITS		TITRE de perception.	DROITS.
1re	2e	3e	4e			Par navires français.	Par navires étrangers et par terre.		
Au-dessus de 28 francs	Au-dessus de 26 francs	Au-dessus de 24 francs	Au-dessus de 22 francs	Hectol.	4 juillet 1821.			4 juillet 1821.	
de 28 à 27.01	de 26 à 25.01	de 24 à 23.01	de 22 à 21.01	4	»	0.25	1.25		prohib.
de 27 à 26.01	de 25 à 24.01	de 23 à 22.01	de 21 à 20.01	»	»	0.25	1.25		prohib.
de 26 à 25.01	de 24 à 23.01	de 22 à 21.01	de 20 à 19.01	»	»	1.25	2.25		0.25
de 25 à 24.01	de 23 à 22.01	de 21 à 20.01	de 19 à 18.01	»	»	2.25	3.25		0.25
de 24 à 23.01	de 22 à 21.01	de 20 à 19.01	de 18 à 17.01	»	»	prohib.	prohib.		0.25
de 23 à 22.01	de 21 à 20.01	de 19 à 18.01	de 17 à 16.01	»	»	»	»		0.25
de 22 à 21.01	de 20 à 19.01	de 18 à 17.01	de 16 à 15.01	»	»	»	»		0.25
de 21 à 20.01	de 19 à 18.01	de 17 à 16.01	de 15 à 14.01	»	»	»	»		0.25
de 20 à 19.01	de 18 à 17.01	de 16 à 15.01	de 14 à 13.01	»	»	»	»		0.25
de 19 à 18.01	de 17 à 16.01	de 15 à 14.01	de 13 à 12.01	»	»	»	»		0.25
de 18 à 17.01	de 16 à 16.01	de 14 à 13.01	de 12 à 11.01	»	»	»	»		0.25

Les exagérations prohibitives furent encore une déception pour les intérêts qui les avaient dictées. L'agriculture française n'en fut pas plus heureuse. Marseille, il est vrai, fut privée d'importation de blés étrangers pendant les sept années qui suivirent cette loi, car l'échelle mobile ne permit que pendant un seul mois l'importation dans ce port. Éloigné du centre de la France, les prix y furent souvent très-élevés; mais sur les autres points, les prix n'en ressentirent pas d'amélioration ; au contraire, les prix continuèrent à baisser dès la mise en vigueur de la loi qui devait les relever. Jamais les plaintes de l'agriculture ne furent plus vives. Cette fois l'on ne pouvait s'en prendre à la loi, qui était assez prohibitive, puisqu'il n'entrait plus de blé exotique. L'on s'imagina cependant que l'on introduisait en fraude le blé étranger, absolument comme si un sac de blé eût été aussi léger à introduire qu'une bandelette de dentelles d'Angleterre : quelque aveugles qu'étaient ces réclamations, elles forcèrent néanmoins le gouvernement à supprimer l'entrepôt fictif de Marseille. La loi du 15 juin 1835 décréta cette suppression. Les récoltes ayant été mauvaises en 1828 et 1829, les populations souffrirent durement des vices de la loi, et dès son avénement, le gouvernement de juillet s'empressa de donner satisfaction aux justes plaintes que souleva la loi de 1821. Un projet destiné à modifier provisoirement la législation existante fut présenté à la Chambre des députés, le 18 septembre 1830. L'entrepôt fictif fut restitué au port de Marseille, le maximum des droits d'entrée réduits à 3 fr. l'hectolitre, et d'autres modifications libérales furent adoptées à l'unanimité par la Chambre des députés [1].

Le 17 octobre 1831, M. le comte d'Argout, ministre du commerce et des travaux publics, présenta un projet définitif sur la législation douanière des céréales.

Ce projet présentait de profondes modifications à l'échelle mobile. Les quatre zones et leurs subdivisions étaient supprimées et remplacées par deux grandes divisions frontières. L'une comprenait toute la côte océanique de Dunkerque à Bayonne, et une partie de la frontière de l'Est, s'étendant depuis le département du Nord jusqu'à celui du Haut-Rhin inclusivement; l'autre ligne s'étendait du département du Doubs jusqu'au

[1] Ce provisoire demeura en vigueur jusqu'au 18 juillet 1831.

Var, le littoral de la Méditerranée et la frontière de terre depuis les Pyrénées-Orientales jusqu'aux Basses-Pyrénées ; la prohibition à l'entrée et à la sortie était remplacée par des droits mobiles très-modérés. Enfin les tableaux régulateurs des prix devaient être basés sur le prix du pain, et non sur celui du blé, comme ils l'avaient été jusqu'alors. Tel était le projet relativement libéral du ministère, qui ne rencontra pas auprès de la Chambre le succès qu'il méritait. La commission nomma pour son rapporteur M. Ch. Dupin, qui, au bout de cinq mois, présenta un rapport des plus étendus, par lequel le projet ministériel était complétement transformé dans un sens plus restrictif.

Quoique ni l'un ni l'autre de ces deux projets ne fût adopté, ils servirent néanmoins de base à la discussion, de laquelle est résultée la loi qui nous régit actuellement. Les conclusions du rapport de M. Dupin, si différentes du projet du ministère, influèrent d'une manière trop fâcheuse sur la détermination de la Chambre pour que nous ne nous arrêtions pas sur ce rapport.

Le savant rapporteur, tout en ayant l'air de faire toujours pencher la balance du côté du consommateur, se fit l'avocat du parti restrictif. Il répudiait, il est vrai, la prohibition ; mais s'il supprimait le mot, il gardait soigneusement la chose, car les droits et les entraves dont il entourait l'importation équivalaient presque à une prohibition, dès que le prix du blé, en France, descendait au-dessous du prix appelé rémunérateur, adopté comme pivot de l'échelle des droits.

Aux deux grandes divisions du ministère, M. Dupin substituait huit sections, ayant chacune leurs marchés régulateurs.

Le rapporteur chercha à prouver à la Chambre, par des rapprochements de chiffres, que le prix du pain était toujours en rapport avec le prix des salaires, parce que plus le pain était cher, plus les ouvriers gagnaient. Partant de cette hérésie économique, la meilleure loi devait être celle qui maintiendrait le prix des grains au plus haut ; c'est en effet à quoi tendait l'œuvre, en apparence libérale de la Commission.

Aux cœurs généreux qui ne partageaient pas cette erreur, qui croyaient au contraire que diminuer le coût de la nourriture du pauvre et lui en assurer l'abondance était préférable, le rapporteur opposait l'épouvantail de l'invasion des blés étrangers, et il représentait le commerce d'importation comme capable de ruiner l'agriculture française.

Les observations du rapporteur portaient sur une période de seize ans, de 1815 à 1831, pendant laquelle la moyenne des prix du blé d'Odessa, vendu à l'entrepôt de Marseille, avait été de 19 fr. l'hectolitre. L'exposé des motifs évaluait pour l'avenir ce prix de revient de 20 à 21, y compris la plus-value que provoquerait la nouvelle loi.

Au lieu de prendre cette première base de 19 fr., résultant des faits accomplis, et y ajouter l'évaluation prévisionnelle de la hausse qui se produirait dans les marchés étrangers par l'ouverture du port de Marseille, M. Dupin, réunissant tous les prix cotés à Odessa, de 1815 à 1831, arrivait à une moyenne purement fictive de. . 8 fr. 16 c. l'hectolitre.

A quoi il ajoutait généreusement, pour frais de transport 5   50

Pour bénéfice de l'importateur. 3   »

Il établissait ainsi le prix maximum de revient, à Marseille, à. . . . . 16 fr. 66 c. l'hectolitre.

Ce prix, ainsi que l'avenir le prouva, devait naturellement être de beaucoup au-dessous de la réalité, puisqu'il entrait dans les éléments de cette moyenne des prix cotés à Odessa, à 4 fr. 14 c., à 4 fr. 97 c. l'hectolitre et autres prix purement nominaux, provenant d'une mévente momentanée. Quand les ports de France et d'Angleterre étaient fermés par les lois prohibitives, que celui d'Odessa l'était par la guerre de Russie avec la Turquie, que cette ville regorgeait de blés sans débouchés, de pareils prix ont pu être cotés dans la consommation locale, mais à coup sûr ils n'ont jamais été pratiqués par le commerce d'exportation ; car la plus légère demande de l'extérieur aurait élevé des prix qui représentaient à peine les frais de transport des lieux de production jusqu'à Odessa.

C'est cependant de pareils chiffres que le rapporteur mit sous les yeux de la Chambre, en ajoutant que le commerce, par son habileté ordinaire, pouvant acheter toujours au plus bas à Odessa, et revendre toujours au plus haut en France, il soutenait qu'à la rigueur la comparaison devrait avoir lieu entre les prix les plus élevés à Marseille et les prix les plus réduits à Odessa. Toutefois, le rapporteur se piquant d'une pitié dérisoire pour les consommateurs, se contentait de comparer les prix moyens de Marseille avec les plus bas d'Odessa ; et, par l'effet de ces inductions aussi fausses que dépourvues de sens pratique, il arrivait modestement à établir qu'entre le prix auquel serait revenu le blé exotique à Marseille et le cours de vente de blé indigène sur cette même place, il y aurait eu constamment un écart de 10 fr. 58 c. à 20 fr. 94 c. par hectolitre.

En présence de ces calculs spéculatifs, le droit protecteur de 3 fr. 25 c. proposé par le ministère ne pouvait paraître que très-insuffisant, puisqu'il était loin de balancer l'écart entre le prix de revient du blé étranger à l'entrepôt et le prix moyen du blé français.

Aucune des heureuses innovations du projet de loi du ministre ne rencontra grâce devant la Commission ; elle en critiqua toutes les dispositions. Elle ne concéda que la suppression du principe de la prohibition, qu'il eût été odieux de maintenir à l'importation ; mais elle ne dissimula pas ses appréhensions pour l'agriculture française, et la nécessité de droits protecteurs à l'entrée. Elle avoua son indécision à l'égard de cette suppression pour l'exportation, et proposa des droits excessivement élevés pour entraver la sortie du blé dès que le prix s'élevait en France au-dessus du cours moyen.

C'est sous ces impressions ultra-restrictives que s'engagea la discussion devant la Chambre. L'habile Ministre du commerce déploya vainement tout le talent possible pour défendre son projet de loi, il n'en put sauver avec beaucoup d'efforts que l'article premier, qui abolissait en principe la prohibition tant à l'entrée qu'à la sortie.

Les divers orateurs qui attaquèrent le travail de la Commission ne réussirent pas à éclairer beaucoup la question, ni à intéresser la Chambre à son examen. Elle ne prêta à la discussion qu'une attention peu soutenue. Cependant, MM. Duvergier de Hauranne, Alexandre Delaborde firent entendre d'éloquentes paroles et MM. Reynard, et d'autres députés du Midi défendirent avec énergie les intérêts du consommateur.

Un seul député trouva les propositions de la Commission trop modérées, et, dans un discours à proportions académiques, s'escrima à prouver :

1° Que l'intérêt de tous était que le pain fût cher ;

2° Que les importations du blé étaient les moyens d'existence aux ouvriers du pays, et que les permettre serait sacrifier ses concitoyens.

Les divers contradicteurs s'accordaient sur un seul point, à savoir que la Chambre n'était pas préparée pour la délibération d'une loi définitive sur les céréales, et qu'elle ne voulait alors voter qu'une loi provisoire en attendant le délai nécessaire pour étudier une matière aussi délicate, aussi complexe.

Ce n'était pas la faute du ministère si la Chambre n'était pas prête pour juger le projet définitif proposé par le gouvernement, puisque l'exposé des motifs en était déposé depuis six mois, et que le Ministre du commerce avait prouvé dans le cours des débats qu'il avait conçu son projet avec toute la maturité nécessaire. Mais la Chambre avait son parti pris de n'adopter qu'une loi transitoire, la question préjudicielle était donc résolue, tant contre le projet du Ministre que contre celui de la Commission, qui, tous les deux, avaient un caractère permanent et différaient au fond.

C'est alors seulement que surgit l'amendement de M. Laurence, qui renversait les deux systèmes en présence et répondait aux désirs impatients de la majorité, en ce qu'il ne proposait qu'une loi temporaire ainsi conçue :

« L'effet des prohibitions éventuelles à l'entrée des céréales d'origine étrangère, prononcées par les lois des 16 juillet 1819 et 4 juillet 1821, est suspendu jusqu'au 1ᵉʳ novembre prochain.

« Toutefois, l'introduction libre, jusqu'à cette époque, n'aura lieu qu'à la charge :

« 1° Des droits d'entrée fixés par lesdites lois pour les importations effectuées entre les limites inférieures et supérieures;

« 2° D'une augmentation de 1 fr. 50 c. par hectolitre pour chaque franc de baisse au-dessous de la limite inférieure dans les prix officiels des marchés régulateurs. »

Voici comment M. Laurence exposait les motifs de ce nouveau projet, présenté sous la forme d'un simple amendement :

« L'amendement que j'ai eu l'honneur de déposer et de soumettre à l'approbation de la Chambre n'est pas seulement mon ouvrage. — Peu

3

familier avec cette matière étrangère aux occupations de ma vie, je n'apporte, dans cette discussion, que le tribut de lumières, fort communes sans doute, et des arguments qui n'auront d'autre mérite que leur raison.

« J'ai concerté le sens et la rédaction de cet amendement avec plusieurs de mes collègues : je n'en réclame pas seul le mérite, s'il en a ; je consens au contraire à demeurer responsable de ses défauts, s'il est mauvais.

« Son objet est celui-ci : Conserver la législation existante en ce qu'elle a de bon, et subvenir à ce qui a fait naître des alarmes auxquelles le gouvernement a cru devoir attacher une grande importance.

« Je crains, je vous l'avoue, que la nécessité de pourvoir aux exigences du moment n'entraîne une discussion précipitée et que nous ne fassions une chose mauvaise, une chose imparfaite.

« Ce n'est pas d'ailleurs quelque chose de peu important qu'une législation sur les grains : entre l'effet matériel qu'elle peut produire, il est encore un effet moral avec lequel il est bon de familiariser ceux qui doivent en profiter, comme ceux qui peuvent en recevoir quelque dommage ; l'objet de mon amendement est précisément de faciliter le passage d'une législation à une autre, et de faire que cette transition trop brusque de l'esclavage à la liberté n'entraîne pas des conséquences dommageables, au lieu des effets utiles qu'on pouvait attendre. »

On le voit, cet amendement était un retour provisoire à l'ancienne législation, moins la suspension nominale des prohibitions.

Le Ministre du commerce s'opposa à l'adoption du système proposé par M. Laurence, et avertit la Chambre que sa combinaison n'était point, comme il l'appelait, *un juste milieu* entre le projet du gouvernement et celui de la Commission, mais bien une aggravation des restrictions proposées par celle-ci, et qui faisait rentrer dans tous les inconvénients reprochés à l'ancienne législation qu'il s'agissait de modifier. Il ajoutait que si cependant la majorité devait le prendre en considération, il demandait au moins le renvoi à la Commission.

Des sous-amendements furent proposés relativement au délai que M. Laurence fixait au 1ᵉʳ novembre, et qui rendait sa proposition impraticable ; d'autres furent déposés à l'égard du principe de la suppression définitive de la prohibition, que M. Laurence ne faisait que suspendre.

Un membre de la Commission, M. de Saint-Cricq, fit observer avec raison à la Chambre que la proposition de M. Laurence ne statuait en rien sur plusieurs points de détail, tels que pour les taxes sur les farines, les droits sur les céréales autres que le blé, la surtaxe appliquée aux importations par pavillon étranger et par terre, etc. Il y avait lieu de remplir toutes les lacunes laissées par la proposition incidente de M. Laurence.

Les sous-amendements furent de nouveau proposés dans ce sens.

La Chambre prononça le renvoi de tous les amendements et sous-amendements à la Commission dans la séance du 23 mars.

M. Dupin déposa peu de jours après un nouveau rapport très-court, dans lequel la Commission déclarait se rallier à la tarification proposée par M. Laurence, et demandait que le principe de la libre entrée fût définitivement adopté, et le délai d'importation proposé par M. Laurence pour les autres dispositions prorogé jusqu'au 1er juillet 1833.

La loi temporaire de 1830 renfermait plusieurs mesures utiles : l'existence de l'entrepôt fictif, la suppression des distinctions de provenance et des droits différentiels qui en résultaient ; enfin elle avait réparé l'iniquité de la loi de 1824, en créant un meilleur choix de marchés régulateurs pour la première classe.

La Commission, qui avait proposé ces améliorations dans son premier rapport, demandait à ce qu'elles fussent maintenues.

Lors de son premier rapport, la Commission avait franchement reconnu la nécessité de remédier au mauvais choix des marchés régulateurs ; les raisons qu'elle en donnait méritent d'être citées :

« C'est ici, Messieurs, que nous devons vous signaler avec sincérité l'un des vices de la loi de 1824 ; car nous voulons mettre autant de franchise à vous en dévoiler les imperfections, que nous en avons mis à distinguer ce qu'elle offrait de « dispositions salutaires. »

« Dans plusieurs régions, on avait choisi des marchés dont les prix, combinés entre eux, donnaient une moyenne « évidemment au-dessous du prix régulateur. »

« Nous avons voulu qu'une telle injustice disparût de la loi. Pour chaque région nous avons fait un choix de marchés dont le prix moyen égale, à très-peu de centimes près, en plus ou en moins, le prix régulateur amélioré, comme on vient de vous l'exposer, pour chaque classe et pour chaque région.

« Un autre inconvénient existait encore par l'effet de la loi de 1821. La plupart des régions avaient trop peu de marchés : quelques-unes n'en avaient que deux, le plus grand nombre trois, une seule en avait six.

« Nous avons voulu que chacune des régions eût six marchés. »

L'inconvénient signalé par la Commission ne fut pas oublié dans la discussion qui s'ouvrit de nouveau sur l'amendement de M. Laurence. M. Duvergier de Hauranne fit ressortir clairement l'aggravation des droits à l'importation qui résulterait de l'amendement s'il était adopté ; cette aggravation provenait non pas de la quotité des droits et de leur gradation, là-dessus il y avait peu de différence entre le projet de la Commission et celui de M. Laurence, mais il y en avait une très-grande entre le choix des marchés régulateurs pour la première classe proposés par la Commission et ceux de la loi de 1821, auxquels M. Laurence revenait. En effet, sous cet ancien régime, Gray et Toulouse, où les prix étaient toujours de 4 ou 5 fr. au-dessous du cours de Marseille, servaient de régulateurs à Marseille et faisaient ressortir la moyenne des prix régulateurs au-dessous des prix réellement pratiqués sur cette place. Ainsi, par l'effet de cette inique combinaison, quand le cours effectif de l'hectolitre de blé était à 30 fr. à Marseille, et que le blé exotique aurait dû y être admis en franchise, la moyenne des mercuriales ne ressortait qu'à 20 ou 22 fr., et à ce taux l'entrée était prohibée, et sous le régime actuel de la loi de 1832, les droits sont encore prohibitifs et s'élèvent à 7 fr. 25 c. ou 10 fr. 50 c., selon le pavillon importateur.

Maintenant si l'on réfléchit que toute la masse des importations s'effectue par Marseille, l'on concevra combien cette anomalie aggrave les effets restrictifs de l'échelle mobile.

Le mensonge flagrant des marchés régulateurs eut souvent des effets déplorables. Le Ministre du commerce déclara à la tribune, en séance publique, que Marseille s'étant trouvée dépourvue d'approvisionnements et sur le point de manquer de pain, le Conseil des ministres avait été dans l'obligation, pour répondre aux pressantes sollicitations du préfet des Bouches-du-Rhône, d'autoriser, par le télégraphe, l'introduction de 65,000 kilogrammes de blé exotique, par jour, nonobstant la prohibition.

Cependant, quoique la population fût affamée, le blé ne manquait pas à Marseille, l'entrepôt de douane en regorgeait; mais les vices de l'échelle mobile ne permettaient pas qu'on y touchât.

Quelques mois avant, le Ministre de la guerre avait été également dans l'obligation de violer la loi pour approvisionner l'armée.

Que penser d'une loi que l'on est dans la nécessité de violer si souvent? Cependant la Chambre repoussa l'amendement de M. Reynard, qui avait pour but de faire cesser cet état de choses. Cet amendement, déposé par articles lors du vote du projet Laurence, ne faisait que revenir aux marchés régulateurs fixés par la loi de 1819.

M. Duvergier de Hauranne fit de vains efforts pour s'opposer au maintien du choix des marchés régulateurs.

« Lorsque M. Laurence a proposé son amendement, il a dit que c'était « un juste milieu entre » le projet du gouvernement et celui de la Commission. Je crois que M. Laurence « a flatté son amendement. »

« Loin que cet amendement soit un juste milieu entre le projet du gouvernement et celui de la Commission, je pense qu'il est plus défavorable aux consommateurs que le projet de la Commission lui-même, et c'est ce que je vais tâcher de démontrer. »

« D'abord je ne parlerai pas de prohibition, puisque M. Laurence lui-même y a renoncé, et que la Chambre, à l'unanimité, l'a supprimée tout à l'heure. M. le rapporteur m'accuse encore de langage belliqueux, je répéterai seulement que c'est, à mon sens, une grande conquête de saines théories sur l'esprit de routine.

« Quant aux tarifs, je conviens que le tarif de M. Laurence est, à très-peu de chose près, l'ancien tarif proposé par la Commission. Pour me borner à parler d'une seule classe, la première, je dirai que, de 26 à 23, le tarif est le même; le tarif de M. Laurence est un peu supérieur à 23 fr.; il est inférieur à 24 fr... Il y a donc en quelque sorte compensation.

« Mais il y a d'autres circonstances dont il faut tenir compte, celle des marchés régulateurs. Vous en connaissez l'importance, et M. le Ministre du commerce vous a dit à cet égard tout ce qu'on peut dire. Vous savez qu'avec une combinaison un peu habile des marchés régulateurs on peut augmenter considérablement les droits.

« Ainsi, à Marseille, par exemple, si on prenait pour marchés régulateurs les marchés de grande production, que l'on combinât tous ces prix pour en faire une moyenne, il est évident que ce prix moyen serait supérieur à ce qu'il devrait être.

« Eh bien ! la loi de 1821, en établissant plusieurs marchés pour la première classe, ne s'y était pas trompée. Ces marchés étaient ceux de Gray, Toulouse, Fleurance et Marseille. Depuis, Fleurance a été remplacé par Lyon, par la loi de 1830 ; mais il restait toujours le marché de Gray et de Toulouse, tous deux défavorables aux consommateurs. La Commission l'avait bien senti, puisqu'elle avait proposé de nouveaux marchés, ceux de Montpellier et de Castelnaudary ; mais l'amendement de M. Laurence les a fait disparaître : c'est non pas sur le papier, mais en réalité une augmentation de droits d'un ou deux francs. »

Soit que la Chambre était fatiguée d'une discussion aussi embrouillée que prolongée, soit que, croyant ne faire que du provisoire, elle renvoyait à une autre session les réformes que l'expérience démontrerait, elle vota successivement, à de faibles majorités, les articles du projet de M. Laurence qui fut complété comme ci-après :

« ARTICLE PREMIER. — La prohibition éventuelle à l'entrée des grains et farines, prononcée par les lois des 16 juillet 1819 et 4 juillet 1821, est abolie.

« ARTICLE 2.—Jusqu'au 1ᵉʳ juillet 1833, les droits seront sans distinction de provenances :

« 1° Pour les grains et farines importés, dans les cas où l'entrée en était autorisée par la loi du 4 juillet 1821, les droits fixés par ladite loi ;

« 2° Pour les grains importés, dans les cas où l'entrée n'était pas autorisée par ladite loi, une surtaxe de 1 fr. 50 c. par hectolitre pour chaque franc de baisse dans le prix des grains indigènes constaté par les mercuriales des marchés régulateurs [1];

« 3° Pour les farines importées, dans le cas où l'entrée n'en était pas autorisée par ladite loi, une surtaxe par quintal métrique triple de celle qui sera perçue par hectolitre de grains.

« ARTICLE 3. — Les droits d'entrée des grains d'espèce inférieure et de leurs farines seront fixés d'après les droits à prélever sur le blé-froment et sa farine dans la proportion suivante :

ESPÈCES DE CÉRÉALES.	SUR LES GRAINS par hectolitre.	SUR LES FARINES par quintal métrique.
Froment.	Pour f. 1 »	Pour f. 1 »
Seigle.	» » 60	» » 65
Maïs.	» » 55	» » 60
Orge	» » 50	» » 60
Sarrasin.	» » 40	» » 50
Avoine	» » 35	» » 55

« ARTICLE 4. — La surtaxe sur les importations par navires étrangers est réduite, pour tous les cas, à 1 fr. 25 c. par hectolitre.

« La surtaxe sur les grains et farines arrivant par navires étrangers cessera d'être perçue quand le prix moyen du froment s'élèvera à plus de 28 fr. dans la première classe, 26 fr. dans la deuxième, 24 fr. dans la troisième, 22 fr. dans la quatrième.

« ARTICLE 5. — La surtaxe imposée sur les importations par terre, par la loi des douanes, est abolie pour l'importation des grains et farines.

« ARTICLE 6. — L'art. 2 et l'art. 4 de la loi du 20 octobre 1830 sont remis en vigueur.

« Les tarifs établis ou maintenus par la présente loi seront revisés dans la session qui suivra la récolte de 1832.

« ARTICLE 7. — La prohibition éventuelle à la sortie des grains et farines, établie par les lois des 16 juillet 1819 et 4 juillet 1821, est abolie.

[1] Voir le tableau B.

« Les droits de sortie seront fixés conformément au tableau A ci-annexé pour le blé-froment, l'épeautre, le méteil et pour les farines de ces grains.

« Les droits de sortie des grains inférieurs et de leurs farines seront fixés, d'après les droits à prélever, sur le blé-froment et sa farine dans les proportions suivantes :

CÉRÉALES.	SUR LES GRAINS par hectolitre.	SUR LES FARINES par quintal métrique.
Froment.	Pour f. 1 »	Pour f. 1 »
Seigle.	» » 60	» » 65
Maïs	» » 55	» » 60
Orge	» » 50	» » 60
Sarrasin.	» » 40	» » 50
Avoine	» » 35	» » 55

TABLEAU DES MARCHÉS RÉGULATEURS.

SECTIONS.	DÉPARTEMENTS.	MARCHÉS.	SECTIONS.	DÉPARTEMENTS.	MARCHÉS.
	1re Classe.			**2e Classe.**	
Unique.	Pyrénées-Orientales. . / Aude. . . . . . . / Hérault . . . . . . / Gard. . . . . / Bouches-du-Rhône. . / Var . . . . / Corse. . . . . / Algérie.	Toulouse. Gray. Lyon. Marseille.	1re	Gironde . . . . . . / Landes. . . . . . . / Basses-Pyrénées . . / Hautes-Pyrénées. . . / Ariége. . . . . . . / Haute-Garonne. . .	Marans. Bordeaux. Toulouse.
			2e	Jura. . . . . / Doubs. . . . . . . / Aïn . . . . / Isère. . . . . / Hautes-Alpes. . . . / Basses-Alpes. . . .	Gray. St-Laurent. Gnd-Lemps.
	3e Classe.			**4e Classe.**	
1re	Haut-Rhin . . . . . . / Bas-Rhin.	Mulhouse. Strasbourg.	1re	Moselle. . . . . . . / Meuse. . . . . . . / Ardennes. . . . . . / Aisne.	Metz. Verdun. Charleville. Soissons.
2e	Nord. . . . . / Pas-de-Calais. . . . / Somme. . . . . . . / Seine-Inférieure . . . / Eure. . . . . / Calvados.	Bergues. Arras. Roye. Soissons. Paris. Rouen.	2e	Manche . . . . . . / Ille-et-Vilaine . . . . / Côtes-du-Nord. . . . / Finistère. . . . . . / Morbihan	St-Lô. Paimpol. Quimper. Hennebon. Nantes.
3e	Loire-Inférieure . . . / Vendée. . . . . . . / Charente-Inférieure. .	Saumur. Nantes. Marans.			

TABLEAU A. — Droits de sortie du Blé-Froment, Épeautre ou Méteil, et leurs Farines.

	LE PRIX DE L'HECTOLITRE étant dans les classes				UNITÉS sur lesquelles portent LES DROITS.	SORTIES. Droits.
	1re	2e	3e	4e		
GRAINS :						f. c.
Par chaque franc de hausse en sus du droit. . .						2 »
Au-dessus de.	26	24	22	20	hectolitre	4 »
Au-dessus de.	25	23	21	19	»	2 »
A partir et au-dessous de.	25	23	21	19	»	35
FARINES :						
Par chaque franc de hausse en sus du droit. . .						2 »
Au-dessus de.	26	24	22	20	100 kilog.	4 »
Au-dessus de.	25	23	21	19	»	8 »
A partir et au-dessous de.	25	23	21	19	»	» 50

TABLEAU B. — Des droits d'entrée et de sortie du Blé.

LE PRIX DE L'HECTOLITRE DE FROMENT ÉTANT DANS LES CLASSES				UNITÉS sur lesquelles portent les droits.	ENTRÉE.			SORTIE.	
					TITRES de perception	DROITS.		TITRES de perception	DROITS.
1re	2e	3e	4e			Par navires français et par terre.	Par navires étrangers.		
Au-dessus de 28 francs	Au-dessus de 26 francs	Au-dessus de 24 francs	Au-dessus de 22 francs	Hectol.	15 avril 1832 26 avril 1833	25 cent.	25 cent.	15 avril 1832 26 avril 1833	Le droit ci-dessous doit être augmenté de 2 fr. par chaque franc de hausse.
de 28 à 27.01	de 26 à 25.01	de 24 à 23.01	de 22 à 21.01	»	»	0.25	1.50	»	6.00
de 27 à 26.01	de 25 à 24.01	de 23 à 22.01	de 21 à 20.01	»	»	0.25	1.50	»	4.00
de 26 à 25.01	de 24 à 23.01	de 22 à 21.01	de 20 à 19.01	»	»	1.25	2.50	»	2.00
de 25 à 24.01	de 23 à 22.01	de 21 à 20.01	de 19 à 18.01	»	»	2.25	3.50	»	0.25
de 24 à 23.01	de 22 à 21.01	de 20 à 19.01	de 18 à 17.01	»	»	3.25	4.50	»	0.25
de 23 à 22.01	de 21 à 20.01	de 19 à 18.01	de 17 à 16.01	»	»	4.25	5.50	»	0.25
de 22 à 22.01	de 20 à 19.01	de 18 à 17.01	de 16 à 15.01	»	»	5.25	6.50	»	0.25
de 21 à 20.01	de 19 à 18.01	de 17 à 16.01	de 15 à 14.10	»	»	6.25	7.50	»	0.25
de 20 à 19.01	de 18 à 17.01	de 16 à 15.01	de 14 à 13.10	»	»	7.25	8.50	»	0.25
de 19 à 18.01	de 17 à 16.01	de 15 à 14.01	de 13 à 12.01	»	»	8.25	9.50	»	0.25
de 18 à 17.01	de 16 à 15.01	de 14 à 13.01	de 12 à 11.01	»	»	9.25	10.50	»	0.25

Cette loi temporaire fut votée à une grande majorité par la Chambre des députés, dans sa séance du 31 mars. Présentée à la Chambre des pairs, elle y fut adoptée sans discussion à l'unanimité le 11 avril, et promulguée le 15 avril 1832.

Le caractère transitoire de cette loi avait laissé l'espoir à ceux qui la jugeaient trop restrictive, comme à ceux qui l'estimaient trop libérale, d'en obtenir la réforme avant le terme qui lui était assigné au 1er juillet 1833. Cet espoir fut trompé l'année suivante; le gouvernement se borna à en demander la prorogation, et la loi du 26 avril 1833 en a reculé indéfiniment le terme *jusqu'à la révision des tarifs*.

Ce régime, dont les principales dispositions sont empruntées à la loi de 1821, n'a subi que des modifications temporaires qui ont cessé ou sont près d'expirer.

Les récoltes en France ayant été passables jusqu'en 1838, la première modification n'eut lieu que par l'ordonnance du roi, en date du 24 janvier 1839, qui suspendit provisoirement la sortie des blés. Une nouvelle ordonnance réduisit cette défense au froment et à sa farine seulement; enfin une troisième ordonnance, en date du 15 avril suivant, vint annuler les deux précédentes.

CHAPITRE III.

Suspension de l'échelle mobile.

L'on rentra ainsi sous l'empire de la loi de 1832, jusqu'à ce que la récolte décevante de 1846-1847 vint surprendre la France endormie au milieu d'une prospérité générale. La récolte en froment de 1845 avait été médiocre, et de plus la maladie des pommes de terre avait commencé à faire son apparition; il n'était pas resté d'excédant de céréales et les prix s'étaient maintenus chers à partir de la fin de cette année. Après la récolte de 1846, quelques inquiétudes se manifestèrent qui ne tardèrent pas à se réaliser, et cependant le Ministre de l'agriculture et du commerce exprimait sa confiance sur le résultat des récoltes dans une circulaire, en date du 25 août 1846, pour demander des renseignements aux préfets.

Il s'exprimait dans ces termes :

« Monsieur le Préfet, les renseignements divers, souvent contradictoires
« et évidemment empreints d'exagération, qui sont journellement publiés
« sur l'état de la récolte jettent dans le public une incertitude regrettable.
« Le commerce régulier en souffre; les prétentions des détenteurs de la
« denrée s'élèvent, et il peut en résulter, sur quelques points, des désor-
« dres fâcheux. Le devoir du gouvernement est de faire cesser cet état
« de choses, en constatant le plus promptement possible la réalité des
« faits. Je viens, dans ce but, réclamer votre concours : l'exposé exact
« de la situation suffira, je n'en doute pas, pour calmer des craintes que
« *rien, à mon avis, ne justifie.* »

Comme il arrive souvent, les préfets n'obtinrent pas de renseignements exacts, et leurs rapports, dans leur ensemble, firent croire à une récolte passable. Les faits donnèrent immédiatement un démenti formel à cet optimisme officiel. La France se trouvait en présence d'un déficit de 12 millions d'hectolitres de grains [1]. A partir d'octobre et novembre, les prix s'élevèrent d'une manière effrayante, surtout dans les localités qui étaient déshéritées de grands moyens de transport. Des troubles graves

[1] Il en a été importé près de 15 millions de 1846 à 1847.

eurent lieu dans plusieurs localités à l'occasion de la cherté des grains : à Laval, à Dunkerque, à La Rochelle, etc. A Buzançais, six maisons furent pillées, et l'un des propriétaires, ayant voulu résister aux assaillants, fut massacré par eux. Ce meurtre fut expié par la condamnation et l'exécution à mort de plusieurs meurtriers. Dans dix-huit départements, la circulation des grains fut interrompue par des troubles menaçants.

Les causes de tous ces malheurs étaient dues d'une part à l'imprévoyance de l'administration; d'autre part, le jeu de l'échelle mobile était tellement lent, que ce ne fut qu'en novembre que l'application du droit minimum fut praticable, alors que les prix avaient atteint le taux exorbitant de 50 fr. dans de certaines contrées; il en résulta un double retard, parce que les importateurs attendirent dans les ports cet abaissement pour acquitter les droits d'entrée, et que ce ne fut qu'en novembre qu'ils dirigèrent vers l'intérieur les approvisionnements, alors que les routes étaient défoncées par la mauvaise saison et la multiplicité des charrois.

L'hésitation n'étant plus possible, le Ministre de l'agriculture et du commerce présenta à la Chambre des députés, dans la séance du 14 janvier 1847, un projet de loi que commandaient les circonstances. Depuis le mois de décembre, la tarification résultant de l'échelle mobile établissait, il est vrai, le droit minimum de 25 c. par hectolitre, mais il existait encore une surtaxe de 1 fr. 25 c. par hectolitre pour les importations sous pavillon étranger. Il était urgent de faire disparaître cette surtaxe et plus encore d'assurer au commerce la suspension, pendant un certain temps, des effets de l'échelle mobile. Le Ministre proposa donc de réduire les droits par tous pavillons à 25 c. jusqu'au 31 juillet, et de l'étendre aux navires dont le départ aurait lieu avant le 1er juillet, quelle que fût l'époque d'arrivée dans un port de France. Le droit de tonnage était également supprimé, ainsi que les droits de navigation sur les rivières et canaux pour tout chargement de farineux alimentaires.

La discussion ne fut pas longue devant les Chambres qui s'empressèrent de voter cette loi qui fut adoptée, sauf une légère modification consistant à ne maintenir la réduction que pour les arrivages qui auraient lieu jusqu'au 31 juillet. Cette loi fut promulguée le 28 janvier.

L'imprévoyance de l'administration était trop palpable pour trouver complétement grâce devant les Chambres. Aux reproches qui lui étaient faits d'avoir pris si tardivement les mesures propres à alléger la crise sur les subsistances, le Ministre de l'agriculture et du commerce répondait qu'il n'avait pas cru qu'il y eût lieu de procéder par voie d'ordonnance contre le texte formel de la loi ; il prétendait qu'il avait fait tout ce qui était en son pouvoir :

1° En réduisant la durée de la quarantaine des navires venant du Levant ;

2° Par l'ordonnance du 7 décembre qui permettait l'importation des ports britanniques d'Europe des grains et farines prohibée depuis l'ordonnance du 8 février 1826 ;

3° En tolérant sur les routes le poids d'été ;

4° Enfin par des secours individuels.

Toutes ces mesures accessoires étaient bonnes, mais elles n'auraient pas dû faire négliger la principale. La loi du 28 janvier aurait dû être promulguée six mois plus tôt. Si, dès le commencement d'août, le commerce eût été garanti contre les variations de l'échelle mobile, nos négociants n'eussent pas été devancés par les acheteurs des autres pays, ils auraient pu acheter dans de meilleures conditions et en plus grande quantité des approvisionnements qui auraient eu le temps d'arriver avant l'interruption de notre navigation intérieure et le défoncement de nos voies charretières. La crise qui a pesé si cruellement sur la France aurait été conjurée comme cela eut lieu plus tard en 1853.

Diverses autres mesures alimentaires furent encore prises, telles que :

1° L'ordonnance du 19 janvier 1847, prohibant la sortie des légumes secs et des pommes de terre ;

2° Celle du 28 dudit qui soumettait au maximum des droits fixés par la loi de 1832 les grains et farines de maïs et de sarrasin, ce qui équivalait à la prohibition ;

3° Ordonnance du 29 dudit, défendant la sortie des gruaux, fécules de toute espèce, marrons et châtaignes ;

4° Ordonnance du 24 février, autorisant les bâtiments étrangers à caboter d'une mer à l'autre.

Toutes ces ordonnances, qui devaient cesser leur effet après le 30 juin, furent prorogées jusqu'au 31 janvier 1848, à l'exception toutefois de la prohibition absolue de sortie qui ne fut pas renouvelée.

Dès le commencement du printemps de 1847, les masses de grains qui avaient été accumulés durant l'hiver dans les ports pendant l'interruption de la navigation sur les rivières et canaux furent dirigés vers l'intérieur; les transports par terre reprirent toute leur activité et les marchés de l'intérieur furent mieux approvisionnés. A la panique de la disette succéda bientôt la panique de la dépréciation des denrées. Les magnifiques apparences d'une récolte abondante et exceptionnelle déterminèrent au commencement de mai une baisse énorme dans les prix. De nombreux sinistres commerciaux furent la conséquence de cette débâcle. Les importations ayant continué sur une vaste échelle et la récolte de 1847 ayant répondu aux espérances, les prix s'avilirent de plus en plus. Fort heureusement, car nous touchions aux événements de février. Dieu sait les calamités que l'abondance nous a épargnées. Une nouvelle période de récoltes satisfaisantes se succédèrent; soit qu'elles dépassèrent les besoins de la consommation, soit que la crise commerciale d'abord et la crise politique ensuite jetèrent une grande perturbation dans le commerce des céréales, les prix se maintinrent jusqu'en 1851 à des taux désastreux pour l'agriculture. Cependant la suspension de l'échelle mobile n'avait pas été de longue durée, puisque cette loi, qui avait été suspendue le 28 janvier 1847, avait repris son action le 31 janvier 1848. Un nouveau débouché vint s'ouvrir à notre trop-plein; l'Angleterre avait, en 1846, répudié pour toujours l'échelle mobile; nous pûmes envoyer dans ce pays, en 1851, 5 millions d'hectolitres, représentant une valeur de près de cent millions.

La récolte de 1852 ayant été un peu moins abondante et de qualité inférieure, nous n'y envoyâmes que la moitié de cette quantité.

La campagne de 1852-1853 s'annonçant moins bien, les exportations pour l'Angleterre furent interrompues dès le printemps de 1853.

Sauf les deux décrets des 14 janvier et 1er juin 1850, concernant l'introduction temporaire en franchise des blés, à charge d'en réexporter le produit en farine, et celui du 14 janvier 1851, qui admet en franchise les céréales de l'Algérie, aucun changement n'entra dans la législation et l'échelle mobile avait repris toute sa vigueur. Toutefois, 1848 à 1853 fut le dernier lustre de cette loi défectueuse qu'un aveugle monopole territorial avait inventée et que la routine et l'ignorance avaient sanctionnée. Le songe de Pharaon, des sept vaches maigres après les sept vaches grasses, expliqué par Joseph, allait malheureusement de nouveau s'accomplir. Les récoltes, comme beaucoup d'autres productions, sont soumises à une loi de périodicité que l'on ne peut contester; 1853 devait être le commencement d'une période de cherté et de pénurie succédant à une période de six années de surabondance et d'avilissement. Les pluies torrentielles du printemps de cette année, qui se continuèrent une bonne partie de l'été, furent funestes aux céréales. Dès le mois de juin, les prix montèrent rapidement; toutefois en oscillant en hausse ou en baisse, suivant les intempéries. Le gouvernement, trompé par de fausses espérances ou des renseignements inexacts, fit apposer, le 10 juillet, dans tous les marchés, la dépêche suivante :

« Les avis de toutes parts annoncent une baisse très-marquée sur le « prix de toutes les céréales. Les récoltes seront partout satisfaisantes. « Le temps continue d'être magnifique. »

C'est par une louable sollicitude, personne n'en doute, que l'administration cherchait à calmer l'inquiétude des populations; mais si les inquiétudes du public eussent été chimériques, elles se seraient bien vite dissipées et chacun en aurait été quitte pour la peur, comme l'on dit. Dans le cas contraire, pourquoi dissimuler un mal réel et paralyser les moyens propres à le prévenir? Si cette publication a eu quelque effet, elle a dû retarder malencontreusement des ordres d'achat donnés à l'étranger et nuire ainsi aux approvisionnements.

Toutefois, le commerce, mû par l'intérêt personnel, qui est le mobile le plus puissant et le plus subtil, ne tarda pas à se convaincre que la récolte laissait un déficit considérable, tant en France[1] qu'en Angleterre et en Italie, à combler; il s'empressa de continuer ses achats. L'administration de la guerre avait d'ailleurs donné l'exemple, en faisant acheter, le 28 juin, en Angleterre 300,000 hectolitres. A cette époque, la libre

---

[1] Le *Moniteur* du 17 novembre l'évaluait à 10 millions d'hectolitres.

sortie existait ; mais, par un effet fâcheux de l'échelle mobile, les droits d'entrée étant prohibitifs, les importations ne pouvaient avoir lieu, et le pays se trouva tout à coup dégarni. Le gouvernement impérial, dans sa sollicitude pour les masses, ne tarda pas à prendre les mesures nécessaires.

Par un premier décret en date du 20 juillet 1853, l'Empereur suspendit temporairement l'ordonnance du 8 février 1826, qui prohibait à l'entrée, par pavillon anglais, les marchandises chargées, dans les entrepôts d'Europe, de provenance étrangère. De cette manière, nous pûmes recevoir promptement des quantités considérables de blé et de farine provenant d'Amérique, achetées dans les ports d'Angleterre.

Une surtaxe de 1 fr. 25 c. par hectolitre pesait encore sur le blé importé par pavillon étranger ; le décret du 3 août eut pour but de la faire disparaître.

Par le lent fonctionnement de l'échelle mobile, le droit d'entrée à percevoir, pour le mois d'août, variait de 25 c. à 9 fr. 25 par hectolitre ; le gouvernement n'hésita pas à décréter, le 18 août 1853, la suspension de l'échelle mobile en ce qui concernait l'entrée ; le droit fut réduit à 25 c. par hectolitre, et, en outre, les droits de tonnage furent supprimés pour tous les navires chargés de denrées alimentaires. Cet important décret suspensif, qui n'était que temporaire, a été successivement prorogé et nous régit encore ; espérons qu'il sera le dernier coup donné à cette loi surannée.

Un troisième décret, en date du 5 septembre, ne tarda pas à abolir les droits de navigation à l'intérieur sur les navires et canaux pour tous les chargements de denrées alimentaires.

Une nouvelle tarification, pour l'entrée en France des bestiaux, supprima, le 14 septembre, presque entièrement la taxe de douane.

L'insuffisance de notre matériel naval se faisant toujours sentir dans les crises de subsistances, le transport des grains et farines, qui était réservé au pavillon national exclusivement entre la France et l'Algérie, fut autorisé par pavillon étranger.

A la date du 1er octobre, le gouvernement prohiba la sortie de France des pommes de terre et des légumes secs.

Enfin ces mesures furent complétées par deux nouveaux décrets : l'un, en date du 12 octobre, autorisant temporairement le cabotage par navire étranger entre l'Océan et la Méditerranée, mais seulement d'une mer à l'autre; celui du 16 janvier 1854 étendit cette faculté d'un port à l'autre de la même mer par bâtiments étrangers.

Sauf le décret relatif aux bestiaux, qui est permanent, toutes ces dispositions du souverain, qui n'étaient que provisoires, furent renouvelées d'année en année, et leur durée limitée au 30 septembre 1859, à l'exception toutefois du décret du 1er octobre 1853, prohibant la sortie des pommes de terre et des légumes secs, qui a été révoqué par celui du 10 novembre 1857.

Des bruits mensongers, qui auraient pu arrêter l'activité indispensable du commerce, furent démentis en ces termes dans le *Moniteur universel* du 17 novembre :

« Que la substitution de l'État à l'action de l'industrie serait une me-
« sure à la fois matériellement impossible, financièrement ruineuse et
« pratiquement insensée. »

L'organe du pouvoir répondait aussi par ce manifeste à une foule de théoriciens qui demandaient son intervention, à titres divers, dans le commerce des grains et farines.

Grâce à ces saines doctrines économiques, le commerce, par son immense et intelligent concours, conjura une crise qui se serait aggravée par l'état de guerre dans lequel les puissances occidentales allaient entrer avec le plus grand pays producteur, la Russie. Dès la fin de 1853, le gouvernement put envisager l'avenir sans crainte; dans son discours d'ouverture de la législation de 1854, l'Empereur se félicitait ainsi de la marche suivie :

« Je suis heureux de vous annoncer maintenant que sept millions
« d'hectolitres de froment étranger sont déjà livrés à la consommation,
« indépendamment des quantités en route et en entrepôt; qu'ainsi les
« moments les plus difficiles de la crise sont passés.

« Il est un effet remarquable qui m'a profondément touché; pendant
« cet hiver rigoureux, pas une accusation n'a été dirigée contre le gou-

« vernement; et le peuple a subi avec résignation une souffrance qu'il
« était assez juste pour imputer aux circonstances seules : preuve nou-
« velle de sa confiance en moi et de sa conviction que son bien-être est
« avant tout l'objet de mes préoccupations constantes. Mais la disette à
« peine finie, la guerre commence. »

Ce furent cependant ces négociants tant décriés, ces intermédiaires si
souvent qualifiés d'accapareurs, qui avaient importé en quelques mois
cette masse de sept millions d'hectolitres de blé, représentant une valeur
de 200 millions de francs! Et cela au milieu des plus grands obstacles.
L'exportation du numéraire, pour les achats à l'étranger, avait occa-
sionné une crise monétaire; les préparatifs d'une guerre lointaine avaient
rendu les moyens de transports rares et chers. Ces difficultés majeures
n'arrêtèrent point la vigilance du commerce, qui fut à la hauteur de sa
tâche, tant il est puissant quand il n'est point entravé. Ses importations
s'élevèrent, en janvier et février 1854, à deux millions, quand la Russie
nous força, en mars, de lui déclarer la guerre; elle nous avait fourni plus
de deux millions d'hectolitres; nous en avions reçu en tout près de dix
millions; le déficit si bien prévu était comblé! Gloire soit rendue à la
sagesse du gouvernement de l'Empereur et à l'action bienfaisante de nos
honorables commerçants! les souffrances furent supportables; aucun des
enfants de la France ne succomba de la faim comme dans les disettes
précédentes.

Malheureusement nous n'étions pas encore arrivés au terme de nos
épreuves : trois années de cherté devaient encore se succéder au milieu
des embarras de tous genres. Les produits de la vigne continuaient à
être très-médiocres, l'été de 1854 fut très-pluvieux, beaucoup de blé
fut versé par l'orage; les épis, quoique nombreux, fructifiant mal, pro-
duisirent moins qu'à l'ordinaire; et nous nous trouvâmes de nouveau en
face d'une récolte tardive et présentant un déficit évalué à 5 1/2 %.
L'activité du commerce ne s'était cependant pas ralentie; mais nous
avions été forcés de déclarer la guerre à la Russie, qui avait fermé ses
ports. Ce pays nous avait envoyé, en 1853, 1,582,678 hectolitres de blé.

Quoiqu'en paix avec le roi de Naples, il avait prohibé la sortie des
céréales dans son royaume, et le pape en avait fait de même dans la

Romagne. Heureusement que tous les autres États se montrèrent moins égoïstes; nous pûmes tirer beaucoup d'approvisionnements de l'Égypte et de l'Espagne, qui avaient fait d'abondantes récoltes en 1853. Sur les représentations énergiques des consuls, le vice-roi d'Égypte supprima complétement, en avril, les entraves partielles qu'il avait mises à de nouvelles importations de ce pays. L'empereur du Maroc en fit de même.

L'honorable M. Magne, alors ministre de l'agriculture, du commerce et des travaux publics, ne tarda pas à proposer une prorogation de quatre mois aux mesures alimentaires dont le terme avait été fixé au 31 juillet 1854. C'était trop peu. L'Empereur décréta le 24 juin une prolongation de cinq mois, soit jusqu'au 31 décembre 1854. Un autre décret, en date du 7 octobre, prorogea de nouveau ce délai au 31 juillet 1855.

Le gouvernement crut devoir faire plus qu'il n'avait fait, il entra dans la voie surannée de la prohibition, et décréta la défense de sortie de l'Algérie, à la date du 1er novembre 1854, des blés et orges; défense qui fut successivement renouvelée jusqu'au décret du 18 novembre 1857, qui rapporta ce décret.

La cherté continue des grains ayant été attribuée par le préfet du Nord en partie à la distillation des grains, un décret du 26 octobre 1854 interdit la distillation des céréales et de toutes autres substances farineuses. L'application de la betterave à la distillation rendit bientôt ce décret inutile, et il fut rapporté le 10 novembre 1857.

A la date du 29 novembre 1854, le gouvernement prohiba à la sortie de France les grains et farines. Ce décret fut renouvelé d'année en année jusqu'au 30 septembre 1858; toutefois, sur les plaintes de l'agriculture elle-même, il fut rapporté avant ce terme par un autre décret du 10 novembre 1857.

Ou ces mesures prohibitives devaient avoir un résultat effectif; c'est-à-dire empêcher des exportations de France qui auraient lieu sans cette défense; ou ce n'était qu'un cri de détresse n'ayant qu'un effet moral.

Dans le premier cas comme dans le second, elles étaient également regrettables. En effet, s'il fût sorti des grains de notre territoire, c'est que nous en eussions eu en surabondance, ou tout au moins nos prix eussent été moins élevés que chez nos voisins; ce qui n'était guère possible, puisque tous les États environnant la France puisaient aux mêmes sources que nous à l'étranger. Même en admettant cette hypothèse, n'était-ce pas d'un mauvais exemple, de la part d'une nation généreuse, de refuser aux autres ce que nous demandions à notre prochain avec tant d'empressement en ouvrant aux importations nos portes à deux battants?

Dans le second cas, qui a été en réalité celui où nous nous sommes constamment trouvés pendant la crise, conçoit-on que la défense d'exportation était nécessaire, alors que nos prix étaient plus élevés qu'au dehors? Quel est le détenteur qui aurait à plaisir exporté ses grains à l'étranger pour les y vendre moins cher qu'à l'intérieur?

Tous ces décrets prohibitifs n'eurent donc d'autres effets que d'accroître l'alarme chez les uns, ou satisfaire certains préjugés populaires chez les autres. Ces mesures eurent encore un singulier inconvénient, ce fut de priver, pendant plusieurs années, certaines de nos possessions coloniales des approvisionnements de la mère patrie.

Le Gabon et Pondichéry, par exemple, furent, pendant toute la durée de ces lois exceptionnelles, dans la nécessité de s'approvisionner ailleurs qu'en France, parce que ces établissements n'étaient pas pourvus d'un service de douane offrant assez de garantie pour la stricte observation de la prohibition.

La récolte de 1855 ayant été encore inférieure en qualité et en quantité, le souverain prorogea de nouveau, en juin, jusqu'au 31 décembre 1855, les différentes mesures concernant les denrées alimentaires.

Le décret du 8 septembre 1855 reporta le terme de ce délai au 31 décembre 1856.

Les prix se maintinrent très-élevés, et ne baissèrent d'une manière sensible qu'à partir de l'acceptation par la Russie de l'ultimatum des puissances.

La guerre d'Orient à peine terminée, la France fut affligée par les inondations désastreuses de la Loire et du Rhône. Ce fléau, joint à la médiocrité de la récolte de 1856, ne permit pas de rétablir l'échelle mobile, et la durée des décrets suspensifs fut reportée au 31 décembre 1857.

Un décret du 22 septembre 1857 prorogea jusqu'au 30 septembre 1858 les mesures relatives aux denrées alimentaires, et fut suivi de la note suivante dans le *Moniteur* du 22 septembre :

« Le gouvernement de l'Empereur a cru devoir proroger jusqu'au « 30 septembre 1858 les mesures relatives aux denrées alimentaires.

« Ces mesures ont un double caractère : elles facilitent l'importation « des céréales et en suspendent l'exportation.

« Les facilités données à l'importation ont paru nécessaires, non pour « atténuer une cherté des subsistances que la grande abondance de nos « récoltes nous permet de ne redouter à aucun degré, mais pour assurer « la complète liquidation des entreprises faites par le commerce sous le « régime actuel ; entreprises qui aideront d'ailleurs à la reconstitution « des réserves épuisées par trois années de disette.

« Quant aux prescriptions qui suspendent l'exportation, les délais « fixés ne constituent pas, comme pour l'importation, une sorte d'enga- « gement de la part du gouvernement. Les circonstances et les cours en « détermineront le maintien ou la suppression. »

Deux autres décrets datés de Compiègne, le 10 novembre 1857, levè- rent la prohibition de sortie et la défense de la distillation des céréales et du riz.

Enfin un dernier décret, en date du 30 septembre 1858, a prorogé cet état de choses jusqu'au 30 septembre 1859.

CHAPITRE IV.

Législation étrangère.

Les lois du progrès nous obligent à suivre les autres nations dans ce qu'elles ont de bien, et la France ne peut pas plus s'isoler dans le monde commercial qu'en politique. Il est dès lors nécessaire de connaître la législation sur les céréales des pays qui nous environnent, afin que notre régime commercial soit en harmonie avec celui de nos voisins, auprès desquels nous sommes tantôt vendeurs et tantôt acheteurs.

ANGLETERRE.

Nul pays ne nous offre plus de faits intéressant notre sujet. L'histoire de la législation anglaise sur les grains a une grande analogie avec la nôtre; toutefois, elle en diffère en ce qu'elle a parcouru les mêmes phases quelque temps avant la nôtre. Nous l'avons jusqu'ici imitée dans ses défauts, puissions-nous l'imiter dans le dernier degré de perfection qu'elle a atteint !

D'abord, pays de production et exportant plus qu'elle n'importait, l'Angleterre a vu sa consommation dépasser sa production. Cet État a revêtu définitivement ce caractère à partir de 1792. Jusqu'en 1815, l'importation ne fut pas entravée.

A cette époque l'exportation fut permise, mais l'importation était prohibée d'une manière absolue quand les prix étaient descendus au-dessous d'un certain taux; au-dessus de ce prix limite, l'entrée avait lieu en exemption de droits de douane.

En 1828, la prohibition éventuelle fut abolie, mais remplacée par une échelle mobile de droits quasi prohibitifs à l'entrée. L'exportation était complétement libre. Telle fut la législation jusqu'en 1842.

Ce système n'avait cessé de soulever, dès le début, les plaintes les plus amères des populations manufacturières, qui se plaignaient avec raison de la cherté des denrées alimentaires en Angleterre, comparativement aux autres pays. Pour remédier à cet état de choses, le cabinet Melbourne, peu de temps avant sa chute, tenta, en 1841, de substituer à l'échelle mobile un droit fixe de 8 sh. par quarter (3 fr. 44 c. par hecto.). Cette amélioration aurait eu en outre pour but un accroissement de recette de plusieurs millions de francs. Ce ministère, déjà affaibli, ayant succombé sur une autre question douanière, prit le parti de dissoudre la Chambre des communes avant de faire voter cette mince réforme.

Les questions de douane et de finance étaient alors à l'ordre du jour en Angleterre, et s'élevaient à la hauteur des questions politiques.

La dissolution du Parlement ramena au pouvoir un cabinet tory avec un homme éminent à sa tête, sir Robert Peel, auquel était réservé l'honneur de faire triompher les mesures économiques les plus utiles à son pays.

Soit qu'il eût des ménagements à garder envers son propre parti, soit qu'il fût trop attaché au système protectioniste par son passé, il soutint le principe de l'échelle mobile de 1828, qui était d'ailleurs son œuvre, et se borna à en modérer les droits et à adjoindre 156 nouveaux marchés aux marchés régulateurs fixés par cette loi, afin de rendre plus difficiles les manœuvres frauduleuses dont ils avaient été l'objet. Les adversaires du droit variable et les libres-échangistes ne purent rien contre une majorité dévouée à son chef, qui adopta la mesure dès le début de la session de 1842.

Ce remaniement, qui faisait partie d'un vaste plan de réforme douanière, conçu par Robert Peel, dans un sens libéral, n'était que le prélude de la dernière et radicale transformation que devait subir la législation des céréales quatre ans plus tard. La loi de 1842 n'était également que la première étape d'une grande agitation économique, entreprise par une colossale association connue sous le nom de *Anti-corn-law-league*, et qui avait pour but la suppression de toute taxe sur les céréales.

Antérieurement à la création de la Ligue, l'opinion populaire ne s'était guère préoccupée de la législation sur les grains. En temps de cherté elle la détestait, mais ne s'était point mêlée à sa controverse, qui était renfermée dans les traités d'économie politique et les colonnes de quelques journaux.

Cependant la classe manufacturière, que lésait la législation sur les céréales, avait grandi en importance, et, dans un pays de libre discussion, elle ne pouvait gémir longtemps sous les étreintes de l'égoïsme territorial.

Ce ressentiment d'une classe nombreuse et riche fut le germe de la plus puissante ligue qui ait agité la Grande-Bretagne. Elle prit naissance au sein de la Chambre de commerce de Manchester, qui adressa, le 13 décembre 1838, une pétition au Parlement, tendant à l'abolition immédiate des droits sur les subsistances et les céréales. Cobden en fut le principal promoteur, et réunit un premier fonds de 3 mille livres sterl. (75,000 fr.), recueilli parmi les nombreux partisans de cette grande cité manufacturière. Nous nous ferions difficilement, en France, une idée exacte de l'importance des ligues politiques et économiques telles qu'il s'en forme en Angleterre. — Ce sont des corps collectifs organisés sur la plus vaste échelle, comptant des millions d'adhérents, disposant, comme un gouvernement, d'un budget, d'un conseil consultatif, d'un comité exécutif, et ayant des orateurs dévoués à l'objet de l'association. Sauf la force brutale, ces associations emploient tous les moyens d'action et d'influence pour passionner l'opinion et agir sur les décisions du gouvernement et des Chambres.

La ligue contre la loi sur les céréales possédait au plus haut degré toutes ces conditions de réussite. Elle avait en outre épousé une bonne cause qui a immortalisé ses chefs infatigables, autant que l'illustre Ministre qu'elle a fini par gagner à sa cause, et auquel elle doit en partie son triomphe.

Le cadre trop étroit de cet ouvrage ne nous permet pas de suivre les progrès et les péripéties de cette longue lutte qui a duré huit années. Je ne puis que renvoyer le lecteur à l'historique émouvant si bien décrit dans l'excellent ouvrage de Henry Richelot, sur la réforme commerciale en Angleterre.

En 1843, le froment du Canada fut admis au simple droit de balance de 1 sh. par quarter (0,43 c. par hecto.).

Celui de l'Australie n'obtint pas la même faveur. Mais cette motion fut repoussée de telle façon par les Ministres, que déjà l'on pouvait entrevoir le changement qui s'était opéré dans le sein du cabinet.

Les efforts réitérés de la Ligue et des whigs contre la loi de 1842 redoublèrent avec l'énergie que donne l'espoir d'un succès prochain. A ces attaques de plus en plus redoutées, les membres du cabinet, et en particulier le premier Ministre et James Graham, répondaient sans pouvoir dissimuler leur conversion aux principes libres-échangistes. Ces néophytes ne différaient plus, avec leurs adversaires, que sur l'opportunité de l'application. Ils étaient convaincus que les idées nouvelles étaient, comme un flot envahissant, désormais impossibles à refouler. La victoire de la Ligue était assurée. Les intempéries de la saison de 1845 survinrent comme pour corroborer les arguments de la Ligue.

Un nouveau fléau s'était abattu sur l'Angleterre; la maladie des pommes de terre avait réduit des trois quarts la principale récolte alimentaire de l'Irlande. Il n'était plus possible d'ajourner la solution d'une question aussi brûlante. Vainement en conseil des ministres, Robert Peel tenta-t-il d'obtenir un ordre pour l'ouverture immédiate des ports aux blés étrangers. N'ayant pu y décider ses collègues, il déposa sa démission; mais la reine ne l'ayant pas acceptée, Robert Peel ressaisit les rênes du gouvernement, et se dévoua à une cause que lui seul pouvait faire triompher immédiatement. Ce grand homme vit dans cette situation critique un devoir dont il s'acquitta héroïquement.

L'enceinte de Westminster s'ouvrit le 22 janvier 1846, et pendant cinq mois il fut le héros, autant que la victime, d'un des plus grands drames parlementaires qui aient agité l'Angleterre. Jusqu'aux derniers jours des débats, les champions du monopole territorial soutinrent une lutte désespérée avec l'acharnement et l'entêtement aveugle de l'intérêt particulier. Enfin, le système de la protection perdit sa dernière bataille dans la Chambre des communes, le 14 mai, à la troisième lecture du bill qui réduisait le droit à 1 sh. par quarter (0.43 c. par hecto.), à partir du 1er février 1849, et soumettait les céréales à une échelle mobile extrêmement modérée pendant la période transitoire de 1846 à 1849. Cette loi fut votée par la Chambre des lords, après de solennels débats, le 26 juin 1846.

Par suite de la crise des subsistances qui se déclara peu de temps après, toutes les restrictions à l'importation des céréales furent supprimées le 26 janvier 1847 jusqu'au 1er mars 1848.

6

Dès le 1ᵉʳ février 1849, la liberté commerciale sur les grains est le régime définitif et normal de l'Angleterre.

ITALIE.

A l'exception des Deux-Siciles et des États romains, la législation sur les céréales est très-libérale dans toute l'Italie.

A Naples, cette législation est soumise aux caprices du souverain, qui tantôt prohibe et tantôt permet l'importation et l'exportation.

Les droits sont fixés pour l'importation :

A 4.97 par kilos, 100 par pavillon national.
A 9.97   »   »   étranger.

Pour l'exportation :

A 4.97 par kilos, 100.

Le système des droits variables ne règne plus que dans les États romains.

Il a été suspendu à plusieurs reprises; mais le gouvernement pontifical y est revenu. Toutefois, c'est une échelle mobile modérée quant aux droits, qui varient de 2.45 à 4.90 par 100 kilos. La prohibition, à l'entrée ou à la sortie, a lieu quand les prix sont à un certain taux.

Il est bon de remarquer que l'échelle mobile et la prohibition n'existent plus que dans cet État.

Dans les États sardes, la prohibition de sortie qui avait lieu pendant les moments de cherté, a été abandonnée, et les droits protecteurs successivement abaissés jusqu'au commencement de la dernière crise. En dernier lieu, ils ont été complétement supprimés par le décret du 16 février 1854.

En Toscane, la liberté commerciale y règne depuis un temps immémorial. Le froment n'est taxé à l'entrée qu'à 25 c. l'hecto.

Le royaume lombard-vénitien est soumis au même régime commercial que l'Autriche. Droit d'entrée : 1.74 par 100 kilos; sortie complétement libre.

Association allemande.

Depuis la création du Zollwerein, l'exemption de tous droits a toujours été la règle. Cependant il est réservé à chaque État le droit de prendre, dans des circonstances graves, les mesures exceptionnelles et temporaires dont la nécessité peut être reconnue.

Depuis 1846, aucun des États n'a usé de cette faculté, et pendant la dernière crise, de 1853 à 1857, la liberté commerciale a été complète.

Le droit à l'importation n'est que de 0.46 par hecto.

Autriche.

Le régime commercial est la liberté, depuis le commencement du siècle.

L'entrée est soumise à un droit de 0.47 c. par 100 kilos en Dalmatie, et 1.74 par 100 kilos pour toutes les autres provinces de l'empire.

Belgique.

Ce pays, qui avait comme nous adopté l'échelle mobile, après l'avoir suspendue à plusieurs reprises, l'a définitivement abandonnée en 1848.

L'exportation est entièrement libre, et le droit d'entrée réduit à 0.50 c. par 100 kilos.

Pays-Bas.

Cet État a essayé également de l'échelle mobile, et y a renoncé en 1847 pour revenir au système libéral. Le droit est de 0.50 c. à l'entrée par hect.

Suisse.

Liberté complète sous des droits modérés :

0.30 c. par 100 kilos à l'importation.
0.20 c.   —   à l'exportation.

Espagne et Portugal.

En principe, dans ces deux États, l'exportation est libre, l'importation au contraire est prohibée; mais, en fait, la liberté y règne d'une manière permanente par des lois spéciales successivement renouvelées depuis la crise de 1853 sur les subsistances.

RUSSIE.

L'importation par mer était autrefois assujettie à un droit de 5 fr. 74 c. par hecto. Depuis 1857 elle n'est soumise qu'aux droits de 1 fr. 72 c. par hecto par mer, et 0,57 c. par hecto par terre.

L'exportation, autrefois taxée, est aujourd'hui exempte.

TURQUIE.

Liberté complète moyennant payement de droits très-modérés.

ÉTATS-UNIS.

L'exportation est exempte de toute taxe, l'importation seule est soumise à un droit fixe d'entrée assez élevé; il a été de 3 fr. 80 c. l'hecto, de 1816 à 1846.

Comprises dans le tarif du 30 juillet 1846 dans les articles taxés à la valeur, les céréales, d'abord assujetties à un droit de 20 pour 100, ont été en dernier lieu taxées à 15 pour 100, soit: 3 fr. par 100 kilos environ.

Les États-Unis de l'Amérique sont, avec la Russie, le plus grand pays producteur; ils n'importent jamais un grain de blé, leur production est toujours exubérante, et leurs actives populations étant pourvues des meilleures voies de communication, n'éprouvent jamais les effets de la pénurie; en sorte que les droits d'entrée ci-dessus pourraient tout aussi bien être de 100 pour 100 que de 15; personne n'élèverait de réclamation. Ce droit nominal ne peut donner lieu à aucune induction.

En résumé, la liberté commerciale la plus complète règne dans tous les États, à l'exception de Naples et des États pontificaux, que l'on ne peut pas certes donner comme modèles à la France.

CHAPITRE V.

*Importation et exportation de la France. — Consommation croissante.
— Vices de l'échelle mobile. — Nécessité de l'abolir.*

Dans l'histoire des peuples, l'on distingue trois phases dans la production des céréales relativement à la consommation :

> L'exportation,
> L'équilibre,
> L'importation.

Le pionnier ou le colon commence à défricher; il construit son cottage pour s'abriter, puis il sème du maïs et du blé pour se sustenter. Tant que cette population nouvelle ne sort pas des rudiments de l'agriculture, la production des céréales dépasse de beaucoup la consommation; l'excédant s'échange au dehors contre des produits manufacturés : ainsi agissent les pionniers de l'ouest de l'Amérique et les paysans de la Russie. Ces deux peuples sont dans la période de l'exportation.

La phase de l'équilibre entre la production et la consommation paraît être la plus courte.

Suivant Necker, dès 1765, la France ne se suffisait plus et ses importations de céréales dépassaient ses exportations. Certains auteurs prétendent qu'elle produit plus que sa consommation ne le comporte, d'autres se bornent à prétendre que la France pourrait produire plus de céréales qu'elle n'en consomme.

Passons de ces opinions divergentes à l'examen des faits : ils nous démontreront que, dès 1815, tout au moins, notre pays est alternativement importateur et exportateur, mais le plus souvent importateur, car il consomme plus de céréales qu'il n'en produit.

En effet, l'excédant des importations de la France sur ses exportations pendant cette période a été en moyenne par an de :

> 346,000 hectolitres blé-froment de 1815 à 1835
> 495,400 » » de 1836 à 1845
> 1,775,590 » » de 1846 à 1857

L'on compte que l'alimentation humaine en
France emploie. . . . . . . hectolitres 90 millions de céréales.
Les semences. . . . . 20 » »
Nourriture de la volaille, usages industriels,
tels que brasseries, distilleries, amidonne-
rie, (etc.). . . . . 30 » »
Avoine pour les animaux. . . . . . . 50 » »

. Total. . . . . . hect. 190 » »

La récolte moyenne, actuellement du froment, est évaluée à 65 millions
d'hectolitres par an au minimum.

Ces chiffres sont incontestables et résultent des statistiques officielles [1],
et ils ne comprennent point les autres céréales, telles que le seigle, l'orge,
le maïs, l'avoine etc.

Il est vrai que, dans les années d'extrême abondance, nous exportons
plus que nous n'importons; mais par contre, dans les années de mauvaises
ou moyennes récoltes, nous importons beaucoup plus que nous n'exportons, et tout compte fait, il n'y a pas compensation, quelle que soit la
période sur laquelle on opère. Si l'on prend la moyenne des trente-trois
dernières années, de 1815 à 1857, l'on trouve un déficit moyen de
779,699 hectolitres. Force est donc d'avouer que depuis longtemps la
France ne suffit plus à son alimentation, et que, nonobstant les secours
de l'Algérie en céréales, l'empire français entre de plus en plus dans la
troisième phase qui est celle des pays les plus avancés en industrie comme
en civilisation.

La disproportion entre la consommation et la production va toujours
grandissant par suite de l'augmentation de la population, et de l'extension
des autres cultures, telles que les prairies, la betterave, la vigne et les
légumes auxquelles il est plus difficile de suppléer.

Sous Vauban, le blé rendait 12 pour 1, aujourd'hui il rend moins.
Depuis le morcellement des propriétés, qui date de 1789, le sol est émietté
et la terre effritée sous une autre culture à outrance. Certains travaux
d'amélioration sont impossibles sur des parcelles. Ajoutez à ces causes de

---

[1] Voir le tableau n° 1 à la fin de l'ouvrage, en ce qui concerne l'importation et l'exportation.

renchérissement l'accroissement constant de la population qui était en 1847 de 35,400,486 âmes et que l'on peut évaluer aujourd'hui à 38 millions.

D'autre part, le commerce français n'a pu se développer par la faute des préjugés populaires et des fausses mesures administratives qui l'ont constamment entravé : les capitaux et les intelligences se sont portés ailleurs. Il est temps d'y ramener ces forces vives par de bonnes lois et d'effacer complétement les préjugés contre la liberté du commerce des grains ; car toute industrie utile qui est insultée par les masses ou vexée par l'autorité se fait payer plus chèrement ses services.

En France, la substance la plus indispensable est le blé. De toutes les dépenses des masses, c'est celle qui représente la plus forte quantité en poids et en valeur. Notre territoire, situé à peu près sous la même latitude, aura toujours des années abondantes et des années stériles. Ces deux extrèmes n'alternant pas régulièrement d'une année à l'autre, se produisant, au contraire, périodiquement ordinairement pendant plusieurs années consécutives, l'action du commerce international est nécessaire pour déverser le trop-plein et combler les déficit. Sans cela, si l'on considérait ces extrèmes comme une compensation, ce serait, comme l'a dit Turgot, ressembler à un propriétaire qui, pour excuser le froid qui règne dans sa maison en hiver, prônerait la chaleur étouffante qui y règne en été.

Selon de Dohin, en Saxe, où l'on supporta en 1771 et 1772 une si grande disette, les récoltes des deux années précédentes avaient été si abondantes qu'en beaucoup d'endroits on avait délaissé de grandes quantités de blé dans les champs.

Avec Malthus, le blé, on ne peut le nier, est la cause antérieure de la population ; l'on peut inférer de ce principe qu'en masse il existe toujours plus de blé qu'il n'en faut pour la consommation générale. Il y a donc assez de céréales sur le globe, pourvu qu'elles y soient réparties avec discernement.

L'échelle mobile qu'il s'agit aujourd'hui de supprimer complétement est une décevante théorie en contradiction avec tous ces principes élémentaires ; ce qui le prouve, c'est qu'à chaque crise l'on est obligé d'en suspendre les effets et que depuis six ans elle n'existe plus de fait.

C'est la plus mauvaise imitation anglaise que la France ait jamais faite.

Avant que l'Angleterre ne l'eût répudiée, cette loi ne comprenait pas de divisions de classes et de sections. Renchérissant sur ses vices, nous avons établi en France quatre classes de droits différentiels et huit sections distinctes-de marchés régulateurs. Ces marchés ne sont pas composés des principaux centres de consommation de la section à laquelle ils servent de règle ; mais au contraire, ils sont pris arbitrairement dans les marchés de production intérieurs, suivant la loi de 1821. Par suite de la transformation de notre système de communication, la plupart ne sont plus aujourd'hui corrélatifs. Ainsi Gray, qui est un des régulateurs de la section où se trouve placée Marseille, n'a pas en temps normal de rapports avec cette ville qui est le point le plus important d'importation.

Nous ne sommes plus au temps où le rapporteur de la loi de 1821, dans son rapport présenté le 10 avril à la Chambre des députés, avance que la chaîne des Cévennes et la rapidité du Rhône seraient toujours des obstacles aux communications intérieures et partant rendaient illusoire le nivellement des prix. Fâcheux horoscope que les merveilles de la vapeur n'ont pas tardé à détruire.

Par suite de l'iniquité du tableau régulateur qui sert de base aux changements de droits, il arriva qu'alors que le *Moniteur* du 5 mars 1832 portait une moyenne de 23 fr. 60 c. l'hectolitre, pour la classe où se trouve Marseille, les prix réels sur cette place ressortaient à 29 fr. 55 c.

Depuis que la majeure partie des transactions ne se fait plus sur les marchés régulateurs, que chacun est libre de conclure ses marchés où bon lui semble, la mercuriale qui sert de base à la loi n'est plus l'expression exacte des cours : c'est une pancarte mensongère.

De ces vices fondamentaux et des erreurs sur les prix de revient des blés étrangers qui ont servi de base à la tarification édictée par la loi de 1832, il en résulte que les droits d'entrée en temps normal sont prohibitifs, puisqu'ils représentent plus de 10 fr. par hectolitre, soit 50 pour 100 de la valeur d'une matière première, lourde et de première nécessité. Nous trouvons la preuve de ce vice dans la moyenne des droits perçus de 1836 à 1845, qui est de 3 fr. 65 c. par hectolitre (Voir le tableau n° 1 bis). Les importations de quelque importance n'ont pu avoir lieu que lorsque les prix étaient extrêmement chers ou que l'échelle mobile était suspendue ;

aussi, la moyenne du droit perçu de 1846 à 1857 (Voir le tableau n° 2 bis) ne ressort plus qu'à 52 c. ; la même observation existe à fortiori pour l'exportation, car la moyenne des droits de sortie n'est que de 33 c. pour la première période, et 28 c. pour la seconde.

La progression de droits, fixée par l'échelle mobile, n'est qu'une prohibition absolue déguisée sous des droits impraticables et impratiqués s'élevant à l'infini. Jamais le riche bon sens de Rabelais ne sera mieux appliqué qu'en cette circonstance, quand il a dit :

« *Sa besterie qui a existimé que, sans autres démonstrations et argu-*
« *ments valables, le monde réglerait ses divises par ses impositions ba-*
« *daudes.* »

Les droits d'entrée et de sortie fixés par la loi sont donc une superfétation qui ne serait que puérile s'ils n'étaient pas un épouvantail pour le commerce, et un obstacle sérieux pour les transactions de longue haleine. Ce n'est pas tout : la tarification tant à l'entrée qu'à la sortie de toutes les autres céréales se réglant uniquement sur le prix du blé, il arrive que, la récolte du blé étant abondante, les droits d'entrée sur les autres céréales inférieures sont tellement élevés, qu'ils ne permettent pas l'importation d'une sorte dont nous manquerions, et ce serait le cas en ce moment pour l'avoine, si par bonheur l'échelle mobile n'était pas suspendue en ce qui concerne l'entrée. Les mêmes inconvénients se reproduisent dans un sens inverse pour l'exportation : nous pouvons avoir une récolte médiocre en froment et surabondante en avoine, et cependant ne pouvoir pas exporter un grain du superflu de ce dernier produit.

La loi, en promettant la protection à l'agriculture, n'a-t-elle pas manqué son but en le dépassant ? N'est-ce pas une témérité pour le négociant français d'engager des affaires d'importation ou d'exportation quand la suspension de cette funeste loi ne lui est pas assurée pour plusieurs mois ? Quels calculs de revient peut-il supputer en présence d'un traquenard comme l'échelle mobile, qu'une erreur d'un centime dans la mercuriale peut faire varier de 2 fr. 40 c. dans la gradation des droits ?

L'importateur français est effrayé par une double crainte inhérente l'une à l'autre, à savoir : l'avilissement de la marchandise qu'il importe et l'augmentation des droits d'entrée qui la grèvent.

7

La mobilité de la loi la rend inconciliable avec la plus éminente qualité du commerce, qui est la prévoyance. Aussi le commerce des grains international n'existe en France que transitoirement et pendant les interrègnes de l'échelle mobile. Le lent et compliqué fonctionnement de cette réglementation embrouillée est en désaccord avec les allures vives, libres et spontanées du commerce.

Nos demandes à l'étranger ne se produisant que lorsque les prix du blé sont assez élevés en France pour permettre l'importation, l'on conçoit que nos négociants, n'arrivant sur les marchés de production qu'après les négociants étrangers, qui sont débarrassés de toute entrave, nous achetons plus cher qu'eux et sommes à la merci des vendeurs. Par contre, nos offres aux pays de consommation n'ayant lieu que lorsque notre trop-plein est bien constaté, nous ne vendons qu'à des prix désastreux et bien inférieurs aux prix d'achat. Suivant la statistique officielle [1] de 1836 à 1847, la moyenne du prix de nos achats à l'étranger a été de . 25 fr. 45 c. tandis que le prix moyen de nos ventes, a été seulement de 15   56

Différence à notre préjudice. . . . 9 fr. 89 c.

Soit une perte totale pour la France de 400 millions, pendant cette période de 11 ans.

Il faudrait n'avoir aucune idée du négoce pour ne pas admettre que nos demandes, n'étant qu'accidentelles et arrivant après tout le monde, les pays de production nous vendent plus cher que si nous étions des acheteurs prévoyants et continuels comme les Anglais. — De même nous n'obtenons pas des prix aussi avantageux de nos exportations que si elles étaient suivies. Ne sont-ce pas les intermittences de la loi qui nous placent dans de si mauvaises conditions en interrompant nos relations internationales ?

L'échelle mobile a donc un résultat diamétralement opposé à ce qu'elle promettait, puisqu'elle force l'agriculture à ne vendre ses produits qu'aux plus bas prix ; c'est ainsi qu'elle la protége ! Le consommateur n'est pas mieux protégé par cette loi trompeuse, puisqu'elle le force à n'acheter qu'aux prix les plus élevés, et souvent de seconde main.

En résumé, cette stupide loi nous fait acheter nos approvisionnements

---

[1] Voir le tableau n° 2 bis ou *Commerce spécial.*

aux plus hauts prix possibles, et vendre nos excédants aux plus bas prix.

Ce qu'il y a de plus fâcheux, c'est que la France, qui, par sa position géographique et sa production agricole, quelquefois exubérante, devrait être maîtresse du commerce des grains, est tributaire de l'Angleterre dès qu'il y a cherté, ce pays étant devenu le plus grand marché du monde depuis le rappel des lois céréales.

Nous avons exporté dans le Royaume-Uni, en 1846, au prix moyen de de 22 fr. p. 100. . . . .   128,151 quintaux.

Dès le commencement de 1847, nous demandons à ce même pays, au prix moyen de 30 fr.   508,223

De 1851 à 1852, nous fournissons à l'Angleterre, au prix moyen de 14 fr. 65 c. et 17 fr. 50 c.   3,519,005

L'année de cherté de 1853 arrive, nous lui redemandons, au prix moyen de 20 fr. 14 c. .   306,391

L'Angleterre reste notre pourvoyeuse, en 1854, en nous envoyant, au prix de 26 fr. 60 c. . .   268,465

La diversité choquante de la tarification à laquelle sont soumises les huit sections obligent le commerce d'importation à des manœuvres et des détours à peine croyables, que nous hésiterions à signaler si ces faits n'étaient pas une condamnation de plus de l'échelle mobile. Quand l'importateur marseillais, par exemple, reçoit de l'étranger un navire de blé destiné à la consommation intérieure, et que, par le jeu de l'échelle mobile, des droits plus ou moins prohibitifs existent au moment de cet arrivage, ce négociant, au lieu d'acquitter les droits d'entrée en vigueur dans ce port, les évite en envoyant son navire faire une petite promenade en mer, laquelle consiste pour ce navire à se présenter dans un port d'une section différente, où les droits d'entrée soient moins élevés qu'à Marseille ou réduits au minimum. Le navire entre dans le port de Bayonne ou tout autre, pourvu qu'il y ait convenance, et pousse même sa circumnavigation, s'il est nécessaire, jusqu'à Dunkerque. Le capitaine fait à la douane du port qu'il choisit une déclaration de mise en consommation, simule un débarquement, puis fait de nouveau à la douane une déclaration de sortie, comme si le blé était d'origine française, réembarque sa cargaison et fait voile cette fois pour sa véritable destination, qui est Marseille, où il entre en franchise, puisque son blé est muni d'un acquit-à-caution constatant que la marchandise est française.

Cette opération fictive, à laquelle la douane ne peut pas s'opposer, s'appelle, en termes du métier, faire *franciser le blé étranger*. L'État ne gagne rien dans ce moyen ingénieux d'éluder la loi, mais le consommateur paye le pain un peu plus cher, et les arrivages viennent à son secours plus tardivement.

Les effets fantastiques de l'échelle mobile impriment aux farines françaises une voltige encore plus mystifiante.

Aux termes du décret du 1er juin 1850, l'on peut introduire temporairement en franchise de droits du blé exotique, à charge d'en réexporter le produit sous de certaines conditions plus ou moins onéreuses pour la meunerie française, entre autres celle-ci : la réexportation doit avoir lieu par la même section que l'importation. Ainsi les meuniers de Besançon, qui approvisionnent la Suisse habituellement, étaient obligés, quand ils recevaient du blé étranger par Marseille en franchise, de renvoyer la farine en provenant au bureau d'importation pour y faire libérer l'acquit-à-caution, sous peine du payement des droits et quadruples droits, puis de diriger ces mêmes farines en transit sur la Suisse, après un double trajet de trois cents lieues.

Tous ces va-et-vient, qui font jouer aux grains et farines le rôle de comparses de l'Opéra, passant et repassant devant les spectateurs, prendraient, si l'on rétablissait l'échelle mobile, un développement en rapport avec l'accroissement qu'ont subi les voies ferrées depuis sept ans.

Ne ressemblons-nous pas, dans ce manége, à quelqu'un qui aurait bien soif et qui se promènerait longtemps avec son breuvage avant de le boire? Une telle loi est morte sous le ridicule de sa difformité ; la faire revivre ou en conserver le principe serait recrépir les ruines d'un régime suranné et universellement répudié.

CHAPITRE VI.

De la meilleure législation.

Que la prohibition d'entrée et de sortie soit nominale ou dissimulée sous des droits impraticables, ce qui est de même au fond, elle doit être bannie de notre code douanier comme un principe absurde et indigne de notre civilisation. En effet, si la France a besoin alternativement d'importer et d'exporter des céréales, pourquoi inscrire une défense dans la loi qu'à chaque instant nous sommes obligés d'enfreindre ou de suspendre? Une loi qui est inapplicable n'a pas de raison d'être : c'est une lettre morte.

L'opportunité et l'initiative de cette suspension ne peuvent pas être laissées à l'appréciation du gouvernement; car, en admettant que sa vigilance ne soit jamais en défaut, qu'il soit toujours promptement et exactement renseigné pour prendre les mesures nécessaires, leurs publications ont souvent de graves inconvénients : presque toujours elles ont un résultat opposé au but. — S'agit-il de la levée de la prohibition à l'entrée? c'est une cause d'alarme pour les populations et une augmentation d'exigence chez les détenteurs.

L'inconvénient contraire se produit lors de la publication relative à la libre sortie. — C'est avouer à l'étranger notre encombrement.

Toutes ces secousses retentissantes nuisent évidemment aux négociations internationales et n'apprennent rien au commerce national, mieux renseigné par son habileté que par les renseignements tardifs et souvent erronés de l'administration.

La prohibition de sortie a des effets plus foudroyants; les très-hauts prix datent pour la plupart du jour de sa promulgation. En 1789 elle occasionna une exagération de hausse de 20 °/₀. Cette mesure extrême n'est qu'une concession dangereuse faite aux préjugés populaires. — Dangereuse, parce que, par application, les populations peuvent se dire que, puisque l'empire peut être affamé par la libre exportation, il n'y a pas de raison pour qu'il n'en soit pas de même pour le département, le canton, la commune, etc. Le moyen de faire cesser les préjugés populaires n'est pas de les flatter, mais de les combattre.

La libre circulation des grains n'est-elle pas un principe admis? Alors pourquoi la gêner?

Un pays soumis à la prohibition de sortie est considéré par le commerce comme une souricière commerciale. L'on ne s'introduit pas volontiers dans une maison d'où l'on ne peut sortir librement. Vouloir attirer en France les importations, et ne plus laisser libres les importateurs de disposer ensuite de leur marchandise une fois qu'elle a franchi le rayon de douane, c'est aussi absurde que de couper l'arbre pour en cueillir les fruits. Lorsqu'en 1770, à Hambourg, l'on discuta dans le corps municipal la question de savoir s'il n'y avait pas du danger à permettre la forte exportation que l'on constatait, le corps des négociants déclara garantir la ville contre la disette si l'on continuait à laisser le commerce libre, mais non dans le cas contraire.

Plus récemment, en 1846, quand la malheureuse Irlande, privée totalement de pommes de terre, était affamée, lorsque le gouvernement anglais fut obligé de nourrir lui-même toutes ses populations réduites à la plus profonde misère, on agita un instant dans le Parlement la question de savoir s'il ne serait pas convenable d'interdire la sortie des grains; lord John Russell déclara hautement : « qu'il considérait cette mesure comme « fausse et dangereuse, et avoir pour effet d'augmenter la souffrance pu-« blique en écartant les blés étrangers pendant qu'il fallait les attirer. »

Ce ne sont pas les réglementations qui sont en contradiction avec les lois économiques qui peuvent produire de bons effets.

C'est dans la relation des prix sur les différents marchés qu'est le secret de la circulation utile des grains. Si le blé est à plus bas prix chez nous que chez nos voisins, il s'exportera au grand avantage de notre agriculture, parce que l'exportateur y trouvera son bénéfice; si, au contraire, le blé est plus cher en France qu'à l'étranger, il restera en France sans qu'il y ait besoin d'aucune défense, parce qu'il y aurait perte à l'exporter.

A l'exception des États romains, toutes les nations ont abandonné le système prohibitif et adopté l'exemption, ou des droits d'entrée très-mo-

dérés ; la France, qui marche de pair sous tous les rapports avec les plus
avancées, ne peut pas rester en arrière : elle doit substituer un droit modéré au régime ancien.

Après une si longue et concluante expérience, l'on ne peut plus soutenir que l'échelle mobile protége à la fois le producteur et le consommateur. — La statistique des douze dernières années nous a appris que cette
prétendue protection avait abouti à un déficit croissant dans la production relative de la France, et que ce droit protecteur, forcément réduit,
n'avait pas dépassé en moyenne 0,52 c. par hectolitre.

Dans quelle condition seraient nos ouvriers s'ils étaient obligés de payer
le pain plus cher que ceux des autres États ?

La consommation du blé est limitée, mais absolue ; le prix s'en règle
comme pour toutes choses, par la relation entre l'offre et la demande :
toutefois, il est surtout à remarquer que, de tous les objets, le blé est
celui dont le prix éprouve les plus extrêmes fluctuations. — En effet, pour
un article de luxe, la diminution de l'offre en restreint la demande ; mais
l'on conçoit que, pour une matière aussi impérieusement nécessaire que
le blé, il n'en peut être de même.

Grégory King, ancien économiste anglais, a essayé de déterminer le
rapport qui existe entre la récolte et le prix du blé. Il prétend avoir trouvé
que lorsqu'il manque à une moyenne récolte :

10 pour 100, le prix du blé s'élève de 30 pour 100.
20 — — 80 —
30 — — 100 —
40 — — 280 —
50 — — 450 —

En 1590, lorsque Henri IV assiégea Paris, le pain se vendait dans cette
ville cinquante fois plus cher qu'en temps ordinaire.

Necker a fourni l'exemple suivant : « Qu'on se représente, dit-il, cent
« mille hommes dans un espace fermé ; cent mille pains sont nécessaires
« à leur subsistance journalière, et quelques marchands viennent chaque
« jour les apporter.

« Tant que cette fourniture est faite exactement, le prix convenu ne

« change point; mais qu'une ou deux fois l'on s'aperçoive qu'il manque
« seulement un ou deux pains, vide qui prive deux personnes de leur
« subsistance, la crainte d'être un de ces deux malheureux excite une
« telle ardeur d'acheter, que les marchands parviennent à doubler ou
« tripler le prix ordinaire. »

L'ensilage et le système des réserves, qui remontent au temps dès Pharaons, sont des moyens trop coûteux, qui altèrent la qualité des grains et n'ont jamais suffi à préserver les populations contre les disettes. — L'inégalité des récoltes ne peut se niveler que par l'action puissante et collective du commerce. Ses entrepôts seront les meilleurs greniers d'abondance, parce qu'ils seront sans cesse renouvelés.

Mais l'existence d'un commerce sérieux n'est possible que sous une législation permanente, unique pour toute la France, fixe et définitive, qui ne vienne pas tromper le négociant dans ses meilleurs calculs. Le commerce des céréales a d'autant plus besoin d'être encouragé, que cette marchandise ne peut se conserver sans frais et sans déchets, comme les métaux, par exemple. Avec un régime libéral, les oscillations en hausse ou en baisse seront moins désordonnées, le remède étant toujours à côté du mal. Un droit invariable, s'il est modéré, pourra toujours être perçu sans gêner les transactions, et aura entre autres avantages ceux ci-après :

1° De réagir plus sur le vendeur que lorsqu'il est exagéré [1].

2° Le mouvement commercial sera plus considérable, et partant il y aura bénéfice pour le Trésor : en Angleterre, le droit à l'importation produit maintenant plus de 10 millions de francs.

3° Les importations, ayant lieu simultanément par tous les ports, arriveront plus tôt au secours de la consommation intérieure.

4° Les exportations brusques de numéraire seraient évitées.

La meilleure base de ce droit fixe doit être le quintal métrique, parce que l'hecto. est une mesure incertaine, et que c'est celle au poids qui est la plus en rapport avec la valeur intrinsèque du blé. Quelle sera la quotité de ce droit?

---

[1] Nous avons intérêt à ce qu'il en soit ainsi puisque nous sommes de plus en plus acheteurs.

Dans son histoire du tarif des douanes de 1664, qui fut établi sous le ministère Colbert, Du Pré de Francheville nous dit, à l'égard de l'*entrée* :

« La France ne tire des blés de l'étranger que dans les temps de « disette; ainsi il n'est pas surprenant qu'une denrée aussi privilégiée « ait été déchargée des droits d'entrée dans toutes les provinces, tant « en 1664 que dans les temps antérieurs. »

Les grains de toute sorte ont été, par la loi de 1791, exemptés du droit de balance, payé antérieurement sur le pied de 7 deniers 1/2 par quintal, soit 6 c. environ par 100 kil. Jusqu'en 1819, le droit à l'importation n'avait pas dépassé 50 c. par 100 kil.

Nous n'entrerons pas à ce sujet dans d'inépuisables discussions, nous ne rechercherons pas quel est le prix de revient de l'hectolitre de blé exotique dans les ports de France; expression qu'il est aussi impossible d'obtenir, d'une manière exacte, que le prix de revient de la culture en France, qui varie suivant les conditions de chaque récolte, de chaque champ, et que l'on désigne sous l'appellation vague de prix *rémunérateur*.

Entre les partisans d'une protection chimérique, qui voudraient établir un droit prohibitif désormais impossible, et les libres-échangistes, qui demandent la suppression radicale de tous droits, nous prendrons un terme moyen dicté par l'expérience des vingt-deux dernières années dont la moyenne fait ressortir le droit payé, à l'entrée, à 1 fr. 24 6/7 pour l'hectolitre de froment, décimes et surtaxe de navigation compris. Nous concluons à ce que les droits en tout temps soient fixés pour l'entrée à 1 fr. par 100 kil. de froment en principal, doubles décimes et surtaxe de navigation en sus; ce qui fera au plus 1 fr. 34 c.

Les autres céréales inférieures seraient taxées à 50 c. par 100 kil. en principal.

A la sortie, les droits devraient être fixés à 50 pour 100 au-dessous, soit :

50 c. par 100 kil. en principal pour le froment;
25 c.   »   »   pour les autres grains inférieurs.

Quant aux farines, qui représentent un plus grand degré de main-d'œuvre, elles seraient imposées, à l'entrée, à 50 pour 100 de plus que les grains ; et, comme cette fabrication en France produit du travail à nos usines, des dépouilles utiles à notre agriculture, les farines ne devraient être taxées à la sortie qu'à 25 c. par 100 kil. en principal.

Ces droits seraient encore plus élevés que ceux adoptés par la plupart des différents États du continent, mais au moins ils n'entraveraient pas la liberté de l'importation et de l'exportation qui est commandée par la position des deux régions de la France, dont l'une, au midi, consomme plus qu'elle ne produit et se trouve très-rapprochée des pays de production ; l'autre, la région du nord et nord-ouest, produit au delà de sa consommation et est située à proximité des grands pays consommateurs, tels que l'Angleterre, la Suisse, la Belgique, la Hollande, etc. Admirable position que nous avons méconnue jusqu'à ce jour ! Avec une législation libérale, la France, par sa situation médiate, serait l'intermédiaire d'un immense commerce international de céréales.

Les élégies de quelques intérêts étroits pourraient-elles prévaloir contre l'intérêt du plus grand nombre ? Certaines gens, ne pouvant espérer le maintien d'un régime souverainement condamné, voudraient en ressusciter le principe, et proposent l'échelle mobile réduite à deux grandes divisions, comme l'avait déjà proposé un habile ministre en 1832. Mais depuis vingt-sept ans la France ne s'est-elle pas transformée ?

Deux classes supposent des droits différentiels de quelque importance.

Cette inégalité serait de nouveau éludée plus facilement qu'autrefois, au moyen de nos voies de communication perfectionnées ; elle n'aurait donc d'autre résultat pratique que d'occasionner un surcroît de frais de transport à nos importations et à nos exportations, qui s'opéreraient par des voies détournées. De fait ce serait l'échelle mobile simplifiée, avec ses inconvénients rendus plus sensibles par nos progrès matériels. Ce morcellement de nos frontières ne jurerait-il pas avec l'unité politique de la France ? Nous ne sommes plus au temps où chaque province avait un régime douanier particulier.

D'autres partisans du passé présentent ce vieil épouvantail des blés étrangers prêts à nous envahir et à ruiner notre agriculture. Ceux-ci sont-ils sincères alors que, sous le régime d'une complète liberté, nous avons importé en 1858 seulement trois millions de blés étrangers, et que nous en avons exporté près de sept millions? Quelle est la protection que le gouvernement peut leur accorder raisonnablement, autre que celle d'avoir la liberté de vendre leur blé au plus offrant?

Faut-il surimposer le pain de l'ouvrier au profit du producteur et par un déplorable système de pillage mutuel arriver au renchérissement de toutes choses? Avec cette merveilleuse doctrine nous n'aurions plus qu'à nous entourer d'une muraille de la Chine et renoncer à tout commerce extérieur.

Après avoir éprouvé les heureux effets de la liberté commerciale sur les grains, sur les vins, sur les bestiaux, alors qu'il est question de supprimer les droits qui subsistent encore sur les laines, alors que nous-mêmes imposons à la Chine un tarif de douane ne dépassant pas 5 pour 100, il n'est plus possible de revenir à un régime abjuré par toutes les nations.

La solidarité d'intérêts qui rattache la meunerie à l'agriculture et au commerce des grains ne nous permet pas d'oublier cette première industrie nationale dans les améliorations que nous proposons! Elle mérite toute l'attention du gouvernement :

1° Par le prix de main-d'œuvre qu'elle distribue à nos ouvriers ;

2° Par les dépouilles précieuses qu'elle fournit à l'agriculture pour l'engraissement du bétail ;

3° Par sa supériorité, qui lui permettrait de rivaliser avec succès en concurrence avec la meunerie étrangère, à la condition toutefois que cette industrie ne soit pas plus entravée que les autres dans ses rapports avec l'étranger.

En vertu du principe contenu dans la loi sur les douanes, du 5 juillet 1836, article 5, toute matière première peut être introduite temporairement en franchise de droits d'entrée, à charge par l'importateur d'en réexporter le produit on objets ouvrés. Cette faculté, si utile au pays, a été accordée à la meunerie, mais sous des conditions telles, que l'usage en est ou trop onéreux, ou impraticable pour la plupart des usines.

Les justes plaintes de la meunerie se composent :

1° De l'obligation de réexporter ses produits par la même section par laquelle l'introduction du blé a eu lieu, ce qui ne permet pas à l'exportateur de transporter sa marchandise par la voie la moins coûteuse, et en aggrave les frais et la durée du trajet sans profit pour personne;

2° Coût des plombs apposés par la douane à chaque sac; formalité nuisible et qui est sans utilité, puisqu'il s'agit d'un compte de compensation entre le poids d'entrée et le poids de sortie ;

3° Majoration ou réduction de 5 p. 100 au détriment de la meunerie sur le taux de rendement, selon que par le jeu de l'échelle mobile les droits existent à l'entrée ou à la sortie du blé-froment [1];

4° Droit d'entrée de 50 cent. par 100 kil. sur le son, quand le blé est introduit par la route de terre.

Les deux premiers griefs disparaîtraient naturellement par l'adoption de l'uniformité législative pour toute la France ; les deux autres conditions onéreuses ne se justifient pas, et devraient être abolies par une modification aux décrets des 14 janvier et 1ᵉʳ juin 1850, concernant la faculté d'introduction temporaire du froment.

Les facilités qui résulteraient pour la meunerie française de ces diverses modifications de détail, réagiraient avantageusement sur l'agriculture et tous les intérêts français, dans des proportions qu'il n'est pas inutile de faire connaître.

Il est constant que la farine supporte mieux les transports par mer que le blé. Et l'Angleterre qui serait notre grand débouché, tirant ce grain de très-loin, aurait intérêt à s'approvisionner en farine de France, ce mode d'approvisionnement lui étant plus avantageux. Il en résulterait qu'une bonne partie de ses importations de blé (à l'exception de celles venant d'Amérique) se traduiraient pour la France en exportation de farine pour le Royaume-Uni.

[1] Extrait du décret du 14 janvier 1850 :

« Art. 2. — La farine représentée sera augmentée de 5 kil. par 100 kil. de blé introduit, quand le droit d'entrée sera au-dessus de 6 fr. 25 c. par hectolitre de blé, par navire français, dans le port où s'opère la sortie.

« Lorsque le droit de sortie sera de plus de 6 fr. par hectolitre, la quantité de farine à réexporter sera réduite de 5 kil. par 100 kil. de blé introduit. »

Les importations de ce pays consommateur s'élèvent annuellement au chiffre énorme de 2 milliards de kil. en céréales et farines, soit 2,000,000 de tonnes, c'est-à-dire de quoi charger 5,000 navires à raison de 200 tonneaux chacun. Quel mouvement pour nos chemins de fer et nos navires sans fret, ou s'éloignant de nos ports chargés à moitié, faute de produits pondéreux d'exportation ! Il est opportun que l'on sache que l'une des causes de l'infériorité de notre marine marchande, c'est l'insuffisance du fret au départ de nos ports, parce que, à part nos vins et nos machines, nous n'exportons que des objets légers relativement à leur valeur, tels que meubles, modes, bronzes d'art, draps et soieries; nous n'avons pas, comme les ports d'Angleterre, des masses de houille et de fer brut, nous n'exportons pas un kilo de matières qui assurent un fret suffisant.

Si toutes les importations de blé qui sont expédiées à l'Angleterre de la mer Noire, de la mer d'Azow et de la Méditerranée étaient détournées à notre profit, c'est alors que l'on pourrait regarder cette dernière mer comme un lac français, car Marseille, cette reine de la Méditerranée, serait maîtresse de son principal commerce. Pourquoi le vœu du chef de la dynastie napoléonienne ne se réaliserait-il pas? — D'un côté la France est mieux placée que l'Angleterre pour recevoir ce courant commercial, et de l'autre, nous remplacerions à notre rivale en farines, à meilleures conditions, les quantités de blé que nous pourrions légitimement lui détourner si nous voulions.

La faculté d'introduction temporaire s'exerçant sans restriction de zone, l'importateur destinera la cargaison au port français où les prix seront les plus élevés, c'est-à-dire là où l'importation sera le plus utile. En compensation, il sera réexporté une quantité équivalente en farine au poids de cette cargaison par n'importe quel point, mais très-probablement par un port où les prix sont au plus bas. — De telle sorte que, par ce mode, il s'établira constamment, et dans les meilleures conditions économiques, une équipondérance entre l'importation et l'exportation. Ces deux éléments se stimuleraient l'un l'autre : l'importation solliciterait l'exportation et *vice versa*.

Dans cette circonstance, le périmètre de nos frontières peut se comparer à la surface d'un vase rempli de liquide dont on soutirerait, dans un espace de temps donné, la même quantité de liquide que celle qui y serait introduite en compensation. Évidemment, il y régnerait des courants dans le sens du déversoir, et à coup sûr le niveau se rétablirait constamment. Cette comparaison est admissible aujourd'hui que la puissance de la vapeur a annihilé les distances des 9/10.

En 1847, le transport incertain de la voie d'eau de Marseille à Lyon coûtait 130 fr. la tonne, tandis que, par chemin de fer, il ne revient, actuellement, qu'à 18 fr. et s'effectue en vingt-quatre heures.

Une lettre commerciale, envoyée de Marseille à Paris, en 1832, ne pouvait être répondue que le neuvième jour ; aujourd'hui, pour la conclusion des affaires courantes, le commerce emploie l'électricité et correspond en quelques heures avec les points les plus éloignés de Paris. Le négociant ayant toujours sous les yeux la mappemonde des cours, le nivellement des prix s'opère incessamment.

L'adoption de l'ensemble de ces mesures rendrait à la France le rang commercial et industriel qu'elle doit occuper.

Nos échanges internationaux, se développant sur une vaste échelle, cimenteraient nos relations politiques et ouvriraient de nouveaux débouchés. Notre agriculture, encouragée dans la voie des améliorations, produirait plus et à meilleur marché, et le pauvre, mieux nourri, bénirait le nom du souverain sous lequel ces réformes bienfaisantes seraient accomplies.

TABLEAUX RÉCAPITULATIFS

DES

IMPORTATIONS ET EXPORTATIONS

DU BLÉ FROMENT

ET FARINE DE FROMENT

DE 1836 A 1857.

IMPORTATION.

ANNÉES.	Unité de quantité.	BLÉ FROMENT. QUANTITÉS.		Unité de quantité.	FARINE DE FROMENT. QUANTITÉS.	
1836	hect.	1,585,405	»	q¹ m³	6,703	»
1837	»	764,264	»	»	3,732	»
1838	»	699,656	»	»	7,905	»
1839	»	2,262,328	»	»	16,806	»
1840	»	2,453,597	»	»	68,679	»
1841	»	1,245,992	»	»	2,341	»
1842	»	1,465,626	»	»	19,604	»
1843	»	3,020,029	»	»	7,480	»
1844	»	3,868,713	»	»	7,334	»
1845	»	2,464,339	»	»	5,039	»
		19,842,949	»		146,632	»

Farine convertie en blé et en hectolitres à raison
de 75 kil. par 100 kil. de blé et de 75 kil. par hectolitre. . . . . hect.   260,679
Blé. . . . . » 19,842,949

Total général. . . . . hect. 20,103,628

MOYENNE PAR AN.

Hectolitres. 2,010,362

EXPORTATION.

ANNÉES.	Unité de quantité.	BLÉ FROMENT. QUANTITÉS.		Unité de quantité.	FARINE DE FROMENT. QUANTITÉS.	
1836	»	1,053,564	»	q¹ m³	231,117	»
1837	»	287,102	»	»	359,713	»
1838	»	577,825	»	»	355,176	»
1839	»	1,172,768	»	»	240,629	»
1840	»	593,089	»	»	217,372	»
1841	»	1,068,931	»	»	325,017	»
1842	»	1,512,972	»	»	329,125	»
1843	»	703,910	»	»	240,784	»
1844	»	1,340,909	»	»	305,455	»
1845	»	1,218,195	»	»	292,219	»
		9,529,866	»		2,902,510	»

Farine convertie en blé et en hectolitres à raison
de 75 kil. par 100 kil. de blé et de 75 kil. par hectolitre. . . . . hect. 5,160,018
Blé. . . . . » 9,529,866

Total général. . . . . . hect. 14,689,884

MOYENNE PAR AN.

Hectolitres. 1,468,988

9

IMPORTATION.

Années.	Unité de quantité.	BLÉ FROMENT. QUANTITÉS.	DROITS PERÇUS.	Unité de quantité.	FARINE DE FROMENT. QUANTITÉS.	DROITS PERÇUS.
1836	hect.	220,431	971,689	q' m'	27	985
1837	»	284,985	1,913,797	»	72	1,146
1838	»	90,297	204,158	»	729	1,220
1839	»	1,153,292	2,984,964	»	73,025	11,891
1840	»	2,111,769	8,628,145	»	57,707	48,672
1841	»	155,785	1,050,250	»	262	1,304
1842	»	566,987	2,432,548	»	3,438	7,150
1843	»	2,018,267	8,772,268	»	3,184	10,348
1844	»	2,463,965	9,199,068	»	5,470	9,369
1845	»	747,513	4,331,558	»	731	3,250
		9,811,311	35,783,736		185,404	94,744

Farine convertie en blé et en hectolitres, à raison de 75 kil. par 100 kil. de blé, et de 75 kil. par hectolitre. . . . . 169,607 hect.

Blé. 9,811,311

Total général. . . . . . . 9,980,918 hect.

MOYENNE PAR AN.

Quantité . . . . 998,091 hect.

—

MOYENNE PAR HECTOLITRE.

Droits perçus sur le blé seulement. 3 fr. 65 c.

EXPORTATION.

Années.	Unité de quantité.	BLÉ FROMENT. QUANTITÉS.	DROITS PERÇUS.	Unité de quantité.	FARINE DE FROMENT. QUANTITÉS.	DROITS PERÇUS.
1836	hectol.	37,708	10,881	q' m'	143,240	28,107
1837	»	69,301	16,008	»	264,571	47,224
1838	»	296,673	97,625	»	183,704	58,560
1839	»	452,440	218,161	»	174,320	60,280
1840	»	15,719	5,944	»	97,321	8,493
1841	»	470,468	129,851	»	201,413	66,302
1842	»	538,812	149,195	»	168,009	50,308
1843	»	94,004	33,119	»	101,102	17,564
1844	»	105,234	29,107	»	142,652	34,262
1845	»	160,031	46,456	»	145,197	47,895
		2,230,880	736,747		1,574,456	435,845

Farine convertie en blé et en hectolitre à raison de 75 kil. par 100 kil. de blé et de 75 kil. par hectolitre. . . . . 2,799,032 hectol.

Blé. 2,227,880

Total général. . . . 5,026,912 hectol.

MOYENNE PAR AN.

Quantité : 502,691 hectol.

—

MOYENNE PAR HECTOLITRE.

Droits perçus sur le blé : 0 fr. 33 cent.

(N° 2.)

IMPORTATION.

ANNÉES.	Unité de quantité	BLÉ FROMENT.		Unité de quantité	FARINE DE FROMENT.	
		QUANTITÉS.	VALEUR RÉELLE.		QUANTITÉS.	VALEUR RÉELLE.
1846	hect.	5,957,292	141,300,540	q¹ m⁹	72,040	3,090,382
1847	»	9,584,886	191,607,724	»	822,556	28,789,468
1848	»	1,164,733	19,800,460	»	3,155	104,445
1849	»	454,739	5,911,008	»	359	8,977
1850	»	924,027	11,550,338	»	402	9,845
1851	»	667,981	8,516,762	»	811	19,587
1852	»	1,473,790	22,843,749	»	10,728	295,033
1853	»	8,247,085	138,310,015	»	366,021	14,877,317
1854	»	5,081,900	146,530,289	»	721,800	37,300,680
1855	»	4,139,341	132,458,012	»	354,601	19,503,055
1856	»	8,347,657	275,472,081	»	897,920	51,181,953
1857	»	5,912,627	141,903,048	»	130,096	3,403,900
		49,880,124	1,236,103,113		3,383,507	160,243,603

Les 3,383,507 quintaux métriques de farines convertis en blé et en hectolitres, à raison de 75 kil. de farine par 100 kil. de blé, et de 75 kil. par hectolitre, donnent . . . . 5,044,123 hect.

ce qui, ajouté à 49,880,128

forme un total de . . . . 54,901,251 hect.

MOYENNE
PAR CHAQUE ANNÉE.

Quantité de blé et farine . . 4,658,457 hect.

VALEUR RÉELLE { par an . . 116,362,726 hect.
{ par hectolitre de blé . . . . . . 24 fr. 77 c.

EXPORTATION.

ANNÉES.	Unité de quantité	BLÉ FROMENT.		Unité de quantité	FARINE DE FROMENT.	
		QUANTITÉS.	VALEUR RÉELLE.		QUANTITÉS.	VALEUR RÉELLE.
1846	hect.	1,162,611	27,568,141	q¹ m⁹	288,063	12,213,512
1847	»	1,384,800	27,596,187	»	401,855	8,037,100
1848	»	1,192,182	19,074,910	»	603,842	16,907,567
1849	»	1,667,384	25,010,757	»	936,063	25,327,706
1850	»	2,306,406	32,868,348	»	1,504,397	40,674,816
1851	»	2,109,245	30,900,431	»	1,762,684	46,887,671
1852	»	1,434,947	25,111,580	»	1,074,700	32,939,556
1853	»	690,795	13,912,020	»	806,439	32,902,705
1854	»	1,058,689	28,250,397	»	423,182	22,809,510
1855	»	813,380	9,401,400	»	389,042	22,616,035
1856	»	752,355	24,075,360	»	208,007	17,814,420
1857	»	1,596,171	37,190,784	»	651,283	20,049,330
		15,700,984	302,100,818		9,201,017	305,180,019

Les 9,201,017 quintaux métriques de farines convertis en blés et en hectolitres, à raison de 75 kil. de farine par 100 kil. de blé, et de 75 kil. par hectol., donnent . . . . 16,358,963 hect.

ce qui, ajouté à 15,700,984

donne un total de . . . . 32,068,947 hect.

MOYENNE
PAR CHAQUE ANNÉE.

Quantité de blé et farine . . . 2,672,412 hect.

VALEUR RÉELLE { par an . . . 50,011,735 hect.
{ par hectolitre de blé . . . . . . 19 fr. 32 c.

COMMERCE SPÉCIAL

(N° 2 bis.)

IMPORTATION.

années	Unité de quantité	BLÉ FROMENT				Unité de quantité	FARINE DE FROMENT			
		Quantités venant de l'étranger.	venant de l'Algérie.	Valeur réelle.	Droits perçus.		Quantités venant de l'étranger.	venant de l'Algérie.	Valeur réelle.	Droits perçus.
1846	Hectolitre.	4,309,026	»	114,454,795	8,989,742	Quintal métrique.	55,232	»	2,326,898	49,363
1847		8,846,315	»	176,926,80?	2,436,465		655,814	»	22,853,479	360,623
1848		1,234,471	»	20,988,00.	383,045		8,183	»	270,029	5,946
1849		4,044	»	52,574	32,264		241	»	6,024	3,689
1850		585	»	7,310	7,292		136	»	3,274	2,957
1851		225	102,238	1,306,40?	2,428		43	»	1,051	1,073
1852		8,158	250,835	4,141,498	36,432		399	»	10,905	1,186
1853		3,719,417	404,773	92,631,96?	1,397,448		313,671	»	12,221,00?	174,184
1854		3,443,741	822,620	124,065,778	940,705		654,626	»	35,326,702	478,023
1855		2,081,534	1,107,076	100,435,254	586,31?		283,058	»	15,558,190	155,443
1856		6,631,915	534,300	236,162,192	1,985,909		849,066	»	18,376,763	500,056
1857		3,405,368	271,719	88,230,088	1,020,890		109,155	»	4,484,610	53,706
		34,134,788	3,551,972	950,416,050	17,768,942		2,939,624	»	141,763,888	1,701,818

MOYENNE.

Farine convertie en blé et en hectolitres à raison de 75 kil. de farine par 100 kil. de blé, et de 75 kil. par hectolitre. 5,261,553

Blé. 34,134,768

Total général (hectol.). . . 39,396,341

Par an. . . . . . Quantité. . . . 3,283,028 hectol. ; Valeur réelle. . 91,765,414 fr. ; Droits perçus. . 1,622,521 fr.

Par hectolitre. Valeur réelle. . . . . 25 fr. 45 c. ; Droits perçus. . . . . 0 fr. 52 c.

EXPORTATION.

années	Unité de quantité	BLÉ FROMENT				Unité de quantité	FARINE DE FROMENT			
		Quantités.	Valeur réelle.		Droits perçus.		Quantités.	Valeur réelle.		Droits perçus.
1846	Hectolitre.	26,852	639,077	»	41,773	Quintal métrique.	114,290	4,835,731	»	35,279
1847		59,208	1,165,962	»	63,644		72,039	1,440,788	»	30,513
1848		906,114	15,937,826	»	274,200		487,611	13,653,112	»	225,826
1849		1,504,780	27,571,694	»	413,045		763,830	20,623,048	»	366,882
1850		1,965,994	28,015,419	»	530,029		1,249,444	32,485,551	»	630,210
1851		1,936,942	28,376,195	»	531,918		1,533,218	40,783,595	»	744,931
1852		961,003	16,819,195	»	262,900		734,153	22,501,792	»	373,746
1853		199,989	4,027,779	»	55,974		445,390	18,171,896	»	190,242
1854		61,118	1,859,730	»	47,577		105,519	5,687,474	»	77,732
1855		931	27,930	»	460		100,657	5,838,106	»	2,264
1856		71	2,272	»	58		88,521	5,811,260	»	1,358
1857		122,262	2,848,705	»	35,522		147,471	5,898,840	»	49,010
		7,825,444	121,811,733		2,266,100		5,842,159	177,231,788		2,628,043

MOYENNE.

Farine convertie en blé et en hectolitres à raison de 75 kil. de farine par 100 kil. de blé, et de 75 kil. par hectolitre. 10,386,048

Blé. 7,703,180

Total général (hectol.). . . 18,089,228

Par an. . . . . . Quantité. . . . 1,507,418 hectol. ; Valeur réelle. . 24,920,293 fr. ; Droits perçus. . 407,845 fr.

Par hectolitre. Valeur réelle. . . . . 15 fr. 50 c. ; Droits perçus. . . . . 0 fr. 28 c.

TABLE DES MATIÈRES.

PARIS. — IMP. TR. P.-A. BOURDIER ET Cie, RUE MAZARINE, 30.

www.ingramcontent.com/pod-product-compliance
Ingram Content Group UK Ltd.
Pitfield, Milton Keynes, MK11 3LW, UK
UKHW020033100726
13658UKWH00003B/1285